Jack London · Die Fahrt der Snark

JACK LONDON

Die Fahrt der Snark

ROMAN

SÜDWEST VERLAG MÜNCHEN

Einzig berechtigte Übersetzung von Erwin Magnus
Titel der Originalausgabe: »The Cruise of the Snark«

1. Auflage 1977
Lizenzausgabe für den Südwest Verlag GmbH & Co. KG, München
ISBN 3 517 00543 6

Umschlag: Werner Brauer, München
Gesamtherstellung: Ebner, Ulm

INHALT

Charmian,
dem Steuermann der Snark,
die Tag und Nacht am Ruder stand,
ob wir in einem Hafen ein- oder ausliefen
oder schwierige Gewässer passierten,
die jedesmal, wenn es darauf ankam, am Ruder stand,
und die weinte, als die Reise nach zwei Jahren auf-
gegeben werden mußte.

VORWORT

Es begann im Schwimmbassin zu Glen Ellen. Während des Schwimmens pflegten wir herauszukriechen und uns in den Sand zu legen, unsere Haut die warme Luft einatmen und uns von der Sonne durchglühen zu lassen. Roscoe war Segelsportler. Ich hatte auch ein wenig mit der See zu schaffen gehabt. Es war unvermeidlich, daß das Gespräch auf Schiffe kam. Wir sprachen von kleinen Booten, und wie seetüchtig solche kleinen Boote sein können. Als Beispiel nannten wir Kapitän Slocum und seine dreijährige Erdumseglung mit der Spray.

Wir behaupteten, uns nicht vor einer Erdumseglung in einem kleinen Boot zu fürchten – z. B. in einem Boot von fünfundvierzig Fuß Länge. Wir behaupteten ferner, daß uns das Spaß machen würde. Endlich behaupteten wir, daß es nichts in der Welt gäbe, worauf wir mehr Wert legen würden, als eine solche Fahrt zu machen.

»Laß es uns tun«, sagten wir ... im Spaß.

Dann fragte ich Charmian unter vier Augen, ob sie wirklich Lust dazu hätte, und sie sagte, es wäre zu prachtvoll, um wahr zu sein.

Als wir uns das nächstemal beim Schwimmbassin sonnten, sagte ich zu Roscoe: »Laß es uns tun.«

Ich meinte es ernst, und er auch, denn er sagte:

»Wann fahren wir ab?«

Ich hatte noch ein Haus auf meinem Landgut zu bauen und einen Obstgarten, einen Weinberg und verschiedene Hecken zu pflanzen und auch sonst noch eine Menge zu erledigen. Wir meinten in vier bis fünf Jahren fortkommen zu können. Da aber packte uns die Abenteuerlust. Warum nicht gleich? Wir werden ja nicht jünger. Obstgarten, Weinberg und Hecken konnten ja wachsen, während wir fort waren. Wenn wir zurückkamen, war alles in schönster Ordnung, und während wir das Haus bauten, konnten wir in der Scheune wohnen.

So entschlossen wir uns denn zu der Reise und begannen die Snark zu bauen. Wir nannten sie Snark, weil uns kein anderer Name einfiel – dies zur Aufklärung für die, welche sich vielleicht einbilden, daß der Name eine verborgene Bedeutung habe.

Unsere Freunde verstehen nicht, warum wir diese Reise unternehmen. Sie jammern und klagen. Wir können ihnen nicht begreiflich machen, daß wir das tun, was den geringsten Widerstand von uns erfordert, daß es uns leichter ist, mit einem kleinen Schiff aufs Meer hinauszusegeln, als auf dem Trocknen zu bleiben, wie es ihnen leichter ist, auf dem Trocknen zu bleiben, als mit einem kleinen Schiff aufs Meer hinauszufahren. Dieser Gemütszustand kommt daher, daß zuviel Gewicht auf das rein Persönliche gelegt wird. Aus ihren eigenen Wünschen, Sympathien und Antipathien verfertigen sie eine Elle, mit der sie die Wünsche, Sympathien und Antipathien aller andern messen. Das ist nicht richtig. Ich habe es ihnen auch gesagt. Aber sie halten mich für ein wenig verrückt. Ich meinerseits verstehe sie sehr gut. Es ist eine Gemütsstimmung, mit der ich vollkommen vertraut bin. Wir sind alle geneigt zu meinen, daß mit dem Seelenleben des Menschen, der nicht mit uns einig ist, etwas nicht stimmt. Tatsächlich ist das letzte Wort: Es macht mir Freude. Das liegt aller Philosophie zugrunde. Wenn die Philosophie einen ganzen Monat lang dem Individuum erzählt hat, was es tun soll, dann sagt das Individuum plötzlich: Es macht mir Freude! und tut genau das Gegenteil, und die Philosophie kann nach Hause gehen und sich schlafen legen. Dieses »Es macht mir Freude« ist es, was den Trunkenbold sich betrinken und den Märtyrer im härenen Hemd gehen läßt; was den einen Menschen zum Schlemmer und den andern zum frommen Einsiedler macht; was den einen nach Ruhm, einen zweiten nach Gold trachten, einen dritten nach Liebe und einen vierten nach Gott sich sehnen läßt. Die Philosophie ist sehr häufig nur die Art und Weise, wie man sein eignes »Es macht mir Freude« erklärt.

Um aber wieder auf die Snark und den Grund zu kommen, warum ich meinerseits mit ihr um die Erde fahren will: Die Freude, die mir etwas macht, bedingt für mich den Wert. Die größte Freude aber macht mir das Gefühl, etwas erreicht zu haben – nicht, um den Beifall der Welt zu gewinnen, sondern weil es mir eben Freude macht. Es ist das alte: »Ich hab es getan! Ich hab es getan! Mit eigenen Händen hab ich es getan!« Was ich aber persönlich für eine Leistung halte, muß etwas Konkretes sein. Ich möchte lieber in einem Wettschwimmen gewinnen oder mich im Sattel eines Pferdes halten, das unter mir wegzulaufen versucht, als den Roman schreiben, auf den Amerika wartet. Jedem sein Vergnügen! Ein anderer würde vielleicht lieber den Roman schreiben.

Einen der stolzesten Augenblicke meines Lebens, den Augenblick, da ich das lebhafteste Gefühl hatte, etwas geleistet zu haben, hatte ich wohl mit siebzehn Jahren. Ich befand mich an Bord eines Dreimastschoners vor

der japanischen Küste. Wir waren mitten in einem Taifun. Alle Mann waren fast die ganze Nacht auf Deck gewesen. Um sieben Uhr morgens wurde ich herausgepurrt, um das Rad zu übernehmen. Es war nicht ein einziges Segel gesetzt. Mit bloßen Masten fuhren wir vor dem Wind, und doch sausten wir dahin. Die Seen waren mächtig, der Wind heulte, und die Luft war von treibenden Schaumspritzern erfüllt. Der Schoner war fast nicht zu regieren, die Reling verschwand bald auf Steuerbord, bald auf Backbord in den Wogen, und das Schiff gierte unaufhörlich von Südost nach Südwest, und jedesmal, wenn die gewaltigen Seen sich unter dem Achterende hoben, drohte es sich quer zu legen. Dann aber wäre es mit Mann und Maus untergegangen und seine Geschichte wäre aus gewesen.
Ich nahm das Rad. Der Schiffer stand eine Weile daneben und sah mir zu. Er fürchtete, daß ich zu jung sein und daß es mir an Kräften und Ruhe fehlen würde. Als er aber sah, daß es klappte, ging er hinunter, um zu frühstücken. Vorn wie achtern war alles unten, um zu frühstücken. Hätte das Schiff sich quergelegt, so würde nicht einer von ihnen je an Deck gelangt sein. Vierzig Minuten stand ich allein am Rad und hielt in meiner Hand den springenden Schoner und die zweiundzwanzig Menschenleben. Einmal schlug eine gewaltige See über das Achterdeck. Ich sah sie kommen, und während die vielen Tonnen Wasser mich fast zerschmetterten, hielt ich den Schoner bei seinem wütenden Versuch, sich quer zu den Seen zu werfen. Als die Stunde zu Ende war, wurde ich abgelöst, und da war ich von Schweiß bedeckt und völlig erschöpft. Aber ich hatte es getan! Mit eigenen Händen hatte ich das Rad geführt und hundert Tonnen Gold und Eisen sicher durch Millionen Tonnen Wind und Meer gesteuert.

Was mich freute, war, daß ich es getan hatte – nicht, daß zweiundzwanzig Mann wußten, daß ich es getan hatte. Ehe das Jahr um war, war die Hälfte von ihnen tot und verschwunden, aber mein Stolz auf meine Leistung war dadurch nicht verringert.

Das Leben, das lebt, ist erfolgreiches Leben, und der Erfolg ist eine Lebensbedingung dafür. Je schwerer die Leistung, desto größer die Befriedigung, die man fühlt, wenn sie vollbracht ist. So ergeht es dem Mann, der vom Sprungbrett springt und sich mit einem halben Rückwärts-Salto-mortale kopfüber ins Schwimmbassin stürzt. Sobald er das Sprungbrett verlassen hat, wird seine Umgebung sofort wild, und wild würde sie ihn strafen, wenn sein Versuch mißglückte und er flach aufs Wasser aufschlüge. Selbstverständlich war der Mann nicht gezwungen, sich einer solchen Gefahr auszusetzen. Er hätte am Ufer bleiben können in der milden, friedlichen Umgebung mit Sommerluft, Sonnenschein und festem Boden unter den Füßen. Aber er war nicht so geschaffen. In dem Augenblick, als er in der Luft schwebte, lebte er, wie er nie am Ufer hätte leben können.

Ich meinerseits würde nun lieber dieser Mann sein als einer der Zuschauer am Ufer. Deshalb baue ich die Snark. So bin ich nun einmal. Es macht mir Freude, das ist alles. Die Fahrt um die Erde ist für mich gleichbedeutend mit großen Augenblicken, in denen das Leben ganz gelebt wird. Habt Geduld mit mir und denkt über die Sache nach. Hier stehe ich, das kleine Tier, das unter dem Namen »Mensch« geht, ein Stückchen Materie, das Leben erhalten hat, hundertfünfundsechzig Pfund Fleisch und Blut, Nerven, Sehnen, Knochen und Hirn – alles weich und empfänglich, leicht verletzbar, fehlerhaft und gebrechlich. Ich halte den Kopf fünf Minuten unter Wasser und ertrinke. Ich falle aus einer Höhe von zwanzig Fuß herab und werde zerschmettert. Ich bin ein Sklave von Temperaturen. Ein paar Grad tiefer, und meine Finger und Zehen und Ohren werden schwarz und fallen ab. Ein paar Grad höher, und meine Haut schlägt Blasen und löst sich von dem blutigen, bebenden Fleisch. Noch ein paar Grad nach der einen oder andern Seite, und Leben und Licht erlöschen in mir. Der Biß einer Giftschlange, und alle Bewegung hört auf – alle Bewegung hört für immer auf. Ein Stückchen Blei aus einer Büchse findet den Weg in meinen Kopf, und die ewige Finsternis schlägt über mir zusammen.

Fehlerhaft und gebrechlich, ein Stückchen pulsierenden geleeartigen Lebens – das ist alles, was ich bin. Um mich her sind die großen Naturkräfte, gewaltige Drohungen, vernichtende Titanen, gefühllose Ungeheuer, die sich weniger um mich kümmern, als ich mich um das Sandkorn kümmere, das ich unter meinem Fuß trete. Sie kümmern sich gar nicht um mich. Sie kennen mich nicht. Sie sind ohne Bewußtsein, ohne Schonung und ohne Moral. Sie sind Zyklone und Windhosen, Blitze und Wolken, die zerrissen werden, Strudel und Gezeiten, große Wirbel, die einen hinabsaugen, Erdbeben und Vulkane, Brandungen, die mit Lärm und Poltern gegen felsige Küsten schlagen, und Seen, die über die Reling der größten auf dem Wasser schwimmenden Fahrzeuge geschleudert werden, Seen, die menschliche Geschöpfe zerschmettern und ins Meer und in den Tod spülen – und diese gefühllosen Ungeheuer kennen nicht das winzige Gefühlswesen aus lauter Nerven und Gebrechlichkeit, das die Menschen Jack London nennen und das sich selbst einbildet, ein Teufelskerl und ein höheres Wesen zu sein.

In dem Labyrinth und dem Chaos, das im Kampf zwischen den ungeheuren tauziehenden Titanen steht, ist es meine Sache, den Weg zu finden, so gut ich kann. Das bißchen Leben in mir will sie besiegen. Das bißchen Leben in mir wird sich, wenn es glückt, sie anzuführen und in meinen Dienst zu zwingen, für göttlich halten. Es ist herrlich, den Sturm abzureiten und sich als Gott zu fühlen. Ich darf ruhig behaupten, daß es ein weit schöneres Gefühl ist, wenn ein Atom der pulsierenden, bebenden, von Zeit und Raum begrenzten Masse sich als Gott fühlt, als wenn ein Gott sich als Gott fühlt.

Aber diese Fahrt mit der Snark hat auch eine andere Seite. Ich lebe, und ich sehne mich danach, etwas zu sehen, und es ist etwas Größeres, die ganze Welt zu sehen als eine kleine Stadt oder ein Tal. Wir haben kein Programm für die Fahrt gemacht. Nur eines ist bestimmt, nämlich, daß der erste Hafen, den wir anlaufen, Honolulu sein soll. Außer ganz allgemeinen Vorstellungen haben wir unserm nächsten Hafen nach Hawaii noch keinen Gedanken geschenkt. Wir werden unsern Entschluß treffen, wenn wir näher hingelangen. Im allgemeinen haben wir uns gedacht, in der Südsee herumzugondeln, Samoa, Neuseeland, Tasmanien, Australien, Neuguinea, Borneo und Sumatra zu besuchen und weiter durch die Philippinen nach Japan zu gehen. Dann Korea, China, Indien, das Rote Meer und das Mittelmeer. Unsere weiteren Pläne sind noch nicht fest genug umrissen, als daß wir sie beschreiben könnten, aber wir wissen eine Menge Dinge, die wir ganz bestimmt tun werden, und wir haben uns gedacht, in jedem Lande Europas einen oder mehrere Monate zu verbringen.

Die Snark soll ein Segelboot sein. Sie soll mit einem

Motor versehen sein, der aber nur im Notfall, in schwierigem Fahrwasser, bei Riffen und Untiefen gebraucht werden soll, wenn plötzliche Windstille ein Segelboot bei reißender Strömung hilflos macht. Die Snark soll als »Ketch« getakelt werden – ein Mittelding zwischen Yawl und Schoner. In den letzten Jahren haben sich Boote mit Yawltakelung als besonders geeignet zum Kreuzen erwiesen. Eine Ketch hat alle Vorteile einer Yawl beim Kreuzen und segelt dabei fast so gut wie ein Schoner. Das darf man im übrigen nicht allzu buchstäblich nehmen. Für mich ist das alles Theorie. Ich bin nie mit einer Ketch gefahren und habe auch nie eine gesehen. Aber etwas an der Theorie gefällt mir. Wartet, bis ich aufs Weltmeer hinauskomme, dann werde ich etwas mehr von Schiffen mit Ketchtakelung und ihren Kreuz- und Segeleigenschaften sagen können.

Ursprünglich planten wir, daß die Snark eine Länge von vierzig Fuß an der Wasserlinie haben sollte. Dann aber entdeckten wir, daß kein Platz zu einem Badezimmer war, und bauten sie deshalb fünf Fuß länger. Ihre größte Spantenbreite beträgt fünfzehn Fuß. Sie hat keinen Aufbau und keine Last. Sie ist sechs Fuß tief, und das Deck wird nur durch zwei Kajütstreppen und ein Luk vorn unterbrochen. Das Fehlen eines Aufbaus, der nur das Deck schwächen würde, macht uns sicherer für den Fall, daß schwere Seen ihre vielen Tonnen Wasser über uns wälzen. Ein großes geräumiges Cockpit, das unter dem Plan des Decks liegt, mit hoher Reling und automatischer Pumpe, wird uns Sturmtage und -nächte bedeutend angenehmer machen.

Wir wollen keine Besatzung haben. Oder vielmehr, Charmian, Roscoe und ich werden die Besatzung bilden. Wir wollen alles mit eigenen Händen tun. Mit eigenen Händen wollen wir das Schiff um den ganzen Erdball steuern. Was wir auch durchmachen werden – wir wollen alles selber tun. Selbstverständlich brauchen wir einen Koch und einen Kajütjungen. Warum sollten wir in der Kombüse schwitzen, Teller waschen und den Tisch decken? Hätten wir dazu Lust, so könnten wir ja an Land bleiben. Außerdem brauchen wir Zeit, um Wache zu gehen und das Schiff zu manövrieren. Und dazu muß ich ja auch noch schriftstellerisch arbeiten, um uns das tägliche Brot zu verschaffen und die Snark seetüchtig zu erhalten. Und im übrigen muß ich auch an mein Landgut denken; ich muß für den Weinberg, den Obstgarten und die Hecken sorgen.

Als wir die Snark verlängerten, um Raum für das Badezimmer zu erhalten, fanden wir, daß wir gar nicht so viel Raum dafür brauchten. Deshalb vergrößerten wir die Maschine. Sie ist ein siebzigpferdiger Motor, unsere Maschine, und da wir von ihr erwarten, daß sie uns mit einer Schnelligkeit von neun Knoten vorwärtstreiben soll, wissen wir kein Fahrwasser, dessen Strömung stark genug wäre, uns zu trotzen.

Wir gedenken, allerlei Ausflüge ins Land hinein zu machen. Die Snark ist so klein, daß das sehr wohl möglich ist. Sobald wir ins Land hineinkommen, dann herunter mit den Masten und die Maschine in Gang gesetzt! Da sind die Kanäle in China und der Jangtse. Dort werden wir uns, wenn wir Erlaubnis von der Regierung erhalten, mehrere Monate aufhalten. Das wird das einzige Hindernis bei diesen Reisen ins Land werden – die Erlaubnis der Regierungen. Erhalten wir sie aber, so gibt es fast keine Grenzen für all die Fahrten, die wir ins Land hinein machen können.

Wenn wir zum Nil kommen, können wir ja den Nil hinauffahren. Wir können die Donau bis Wien und die Themse bis London, und wir können die Seine bis Paris hinauffahren und im Quartier Latin vertäuen, eine Trosse vom Bug an die Notre-Dame-Kirche und eine achtern an La Morgue. Wir können das Mittelmeer verlassen und die Rhône bis Lyon hinauffahren, dann können wir zur Saône übergehen und von der Saône durch den Kanal de Bourgogne nach der Marne, und von der Marne nach der Seine gehen und die Seine bei Le Havre verlassen. Wenn wir dann über den Atlantischen Ozean nach den Vereinigten Staaten segeln, können wir den Hudson hinauffahren, den Erie-Kanal passieren, über die großen Seen fahren, den Michigansee bei Chikago verlassen, über den Illinois und den Kanal, der ihn mit Kanada verbindet, nach dem Mississippi gelangen und ihn hinab bis zum Golf von Mexiko fahren. Und dann kommen die großen Flüsse in Südamerika. Wir werden tüchtig Geographie gelernt haben, wenn wir nach Kalifornien zurückkehren.

Wer sich ein Haus baut, ist oft großen Gemütsbewegungen ausgesetzt, wem aber diese Spannung Spaß macht, dem rate ich, sich ein Boot wie die Snark zu bauen. Denkt nur an die Spannung, in die jede Einzelheit dich versetzt. Nehmt zum Beispiel die Maschine. Welches ist die beste Maschine: Zwei Zylinder, drei Zylinder, vier Zylinder? Verbrennungsmethoden; nehmen wir einen Kontaktunterbrecher? Nehmen wir Trockenelemente oder Akkumulatoren? Ein Akkumulator klingt sehr verlockend, aber er erfordert einen Dynamo. Und wenn wir einen Dynamo und einen Akkumulator installiert haben, dann wäre es einfach lächerlich, das Schiff nicht elektrisch zu beleuchten. Nun kommen die Diskussionen, wieviel Licht und welche Lichtstärke. Das ist eine großartige Idee. Aber

elektrisches Licht erfordert einen stärkeren Akkumulator und der wiederum einen stärkeren Dynamo.
Und da wir nun einmal dabei sind, warum dann nicht einen neuen Scheinwerfer anschaffen? Der könnte ungeheuer nützlich sein. Aber Scheinwerfer erfordern so viel Elektrizität, daß die anderen Lampen ausgeschaltet werden müssen, wenn er in Gebrauch ist. So wandern wir denn wieder den weiten Weg, während wir daran arbeiten, größere Kraft für Akkumulator und Dynamo zu schaffen. Und wenn die Frage endlich gelöst ist, dann kommt einer:
»Wenn nun aber die Maschine entzwei geht?« Was dann mit Positionslaternen, Kompaßlaternen und Ankerlaterne? Die Folge ist, daß wir gezwungen sind, das ganze Boot auch mit Petroleumlampen zu versehen.
Aber wir sind noch nicht fertig mit der Maschine. Es ist eine kräftige Maschine. Wir sind zwei kleine Männer und eine kleine Frau. Es wird unsern Mut und unser Rückgrat knicken, wenn wir den Anker mit Handkraft heben sollen. Laßt die Maschine das tun. Und so kommt die Frage, wie wir die Kraft von der Maschine auf das Ankerspill übertragen sollen. Wenn dann das alles geordnet ist, so müssen wir wieder von vorne anfangen und den für die Kajüte und die Kammern berechneten Raum ganz anders einteilen. Und wenn wir die Maschine verrückt haben, dann schicke ich dem Fabrikanten in New York ein vollkommen irrsinniges Telegramm, das ungefähr so lautet: Kniegelenk aufgegeben. Verändert Achsenlager entsprechend Entfernung von Vorderseite Treibrad bis Vorderkante Achtersteven sechzehn Fuß sechs Zoll.
Wenn ihr euch über Einzelheiten aufregen wollt, so lauft herum und sucht das beste Steuergerät oder versucht zu entscheiden, ob ihr für die Takelung die übli-

chen Taljenreeps oder Wantenschrauben nehmen wollt. Soll das Haus mitten an Deck vor dem Rad oder an der einen Seite davon stehen? Dann kommt das Problem des Benzins, fünfzig Tonnen im ganzen – welches ist die sicherste Art, es aufzubewahren und der Maschine zuzuführen, und welches ist der beste Feuerlöscher für Benzin? Dann kommt das nette Problemchen des Rettungsbootes und seiner Aufbewahrung. Und wenn das überstanden ist, dann kommen Koch und Kajütjunge und stellen uns neuen Eventualitäten gegenüber, die wie ein böser Traum sind. Die Dienstbotenfrage für Leute auf dem Lande ist nichts im Vergleich hiermit. Wir hatten wirklich einen Kajütjungen gefunden, insofern konnten wir anfangen, ein Ende unserer Mühe zu sehen. Da aber verliebte sich der Kajütjunge und sagte ab.

Und wie soll man in all dieser Unruhe die Zeit finden, Navigation zu lernen – wenn die Gedanken so beschäftigt sind, teils mit diesen Problemen und teils mit der Arbeit, sich Geld zur Lösung der Probleme zu verschaffen? Weder Roscoe noch ich verstehen etwas von Navigation, und jetzt ist der Sommer vergangen, wir wollen aufbrechen, die Probleme sind größer als je, und der Geldbeutel gähnt vor Leere. Nun ja, man braucht jedenfalls viele Jahre, um Seemannschaft zu lernen. Wenn wir jetzt keine Zeit dazu finden, dann schaffen wir uns die Bücher und Instrumente an und bringen uns zwischen San Franzisko und Hawaii das Navigieren bei.

Etwas ist sehr unangenehm und peinlich bei dieser Reise mit der Snark. Roscoe, der mein Mitnavigator sein soll, ist eifriger Anhänger eines Cyrus R. Teed. Seht, dieser Cyrus R. Teed hat eine ganz andere Auffassung vom Weltall als die übliche, und Roscoe teilt seine Anschauung. Und deshalb glaubt Roscoe, daß die Oberfläche der Erde konkav ist, und daß wir auf der Innenseite einer Kugel leben. Und obwohl wir miteinander in demselben Boot, auf der Snark, fahren, wird Roscoe folglich an der Innenseite der Erde herumfahren, während ich an der Außenseite fahre. Aber wir trösten uns damit, daß wir uns schon noch einig werden, ehe die Reise zu Ende ist. Ich bin vollkommen überzeugt, ihn zu bekehren, so daß er die Reise an der Außenseite unternimmt, während er ebenso überzeugt ist, daß ich mich, ehe wir nach San Franzisko zurückkommen, an der Innenseite des Erdballs befinden werde. Wie er mich durch die Erdrinde ziehen will, das weiß ich nicht, aber Roscoe ist immer ein Teufelskerl gewesen.

P. S. Diese Maschine! Da wir nun einmal die Dynamos und den Akkumulator haben, warum uns dann nicht gleich eine Eismaschine anschaffen? Eis in den Tropen! Das ist notwendiger als das liebe Brot. Also machen wir uns an die Eismaschine! Jetzt habe ich mich kopfüber in die Chemie gestürzt, und die Lippen schmerzen und mein Gehirn schmerzt, und wie soll ich nur je Zeit bekommen, Navigation zu studieren?

DAS UNFASSBARE UND UNGEHEUERLICHE

Kümmere dich nicht um das Geld!« sagte ich zu Roscoe. »Sorg nur dafür, daß alles auf der Snark vom besten wird. Und fang nicht an, sie auszuschmücken. Ungestrichene Kieferplanken – mehr Schmuck brauche ich nicht. Aber für die Konstruktion wende Geld auf. Achte darauf, daß die Snark solide und stark wird wie nur je ein Boot, das auf dem Wasser schwamm. Kümmere dich nicht um die Kosten, wenn sie nur solide und stark wird; ich werde schon schreiben und Geld verdienen, um es zu bezahlen.«

Und das tat ich ... so gut ich konnte; denn die Snark verschlang weit mehr Geld, als ich zu verdienen vermochte. Ja, ich mußte mir jeden Augenblick Geld leihen, um meinem Verdienst aufzuhelfen. Jetzt lieh ich mir tausend Dollar, dann zweitausend Dollar und dann wieder fünftausend Dollar. Und unterdessen arbeitete ich Tag für Tag und steckte alles, was ich verdiente, in das Unternehmen. Ich arbeitete sogar sonntags und gönnte mir keinen Feiertag. Aber es war auch der Mühe wert. Jedesmal, wenn ich an die Snark dachte, wußte ich, daß sie es wert war.

Denn, lieber Leser, denken Sie daran, wie solide die Snark ist! Sie mißt fünfundvierzig Fuß – an der Wasserlinie. Ihre Kielplanke ist drei Zoll stark, ihre Planken sind zwei und einen halben Zoll und ihre Deckplanken zwei Zoll stark, und nirgends sind die Planken zusammengesetzt. Das weiß ich, denn ich habe sie selbst in Puget Sound bestellt. Dazu hat die Snark vier wasserdichte Räume, was bedeutet, daß sie der ganzen Länge nach in drei wasserdichte Schotten eingeteilt ist. Auf die Weise kann selbst bei dem größten Leck nur ein einziger von den Räumen voll Wasser laufen. Die andern drei genügen jedenfalls, um sie schwimmend zu erhalten, und außerdem werden wir auf die Art das Leck reparieren können.

Die Snark ist ein Segelboot. Sie wurde in erster Reihe zum Segeln gebaut. Dann aber wurde ganz zufällig, nur als Notbehelf, eine siebzigpferdige Maschine installiert. Es ist eine gute, starke Maschine. Ich muß es wohl wissen. Ich habe den Transport den ganzen Weg von New York hierher bezahlt. Und auf dem Deck über der Maschine befindet sich ein Ankerspill. Das ist ein wunderbarer Apparat. Er wiegt mehrere hundert Pfund und nimmt ein gut Teil vom Deckplatz in Anspruch. Sehen Sie, es wäre lächerlich, den Anker mit Handkraft einzuholen, wenn man eine siebzigpferdige Maschine an Bord hat. Und deshalb installierten wir denn das Ankerspill und übertrugen die Kraft der Maschine darauf mit Hilfe eines speziell hierfür in einer San Franziskoer Gießerei verfertigten Getriebes.

Die Snark war komfortabel eingerichtet, in dieser Beziehung wurde nicht gespart. Da ist z. B. das Badezimmer, allerdings klein und zusammengedrängt, aber doch mit allen Bequemlichkeiten, die ein Badezimmer auf dem Lande aufzuweisen hat. Das Badezimmer ist ein Traum von allerlei ingeniösen Erfindungen, Pumpen, Hebeln und Seeventilen. Ja, als es noch in Arbeit war, konnte ich nachts wachliegen und an das Badezimmer denken. Und gleich neben dem Badezimmer haben wir das Rettungsboot und die Barkasse. Sie liegen an Deck und nehmen das bißchen Platz in Anspruch, auf dem wir uns sonst hätten bewegen können. Aber dafür sind sie auch besser als eine Lebensversicherung, und der Vorsichtige wird, selbst wenn er ein solides und starkes Fahrzeug wie die Snark gebaut hat, dafür sorgen, daß er auch ein Rettungsboot hat. Und das unsere ist ein gutes Boot – eine wahre Perle! Es war ein Preis von hundertundfünfzig Dollar dafür vereinbart worden, und als ich die Rechnung bezahlen sollte, lautete sie auf dreihundertundfünfundneunzig Dollar. Das zeigt, was für ein gutes Rettungsboot es ist. Ich könnte weiter von den vielen Tugenden und Vorzügen der Snark erzählen, aber ich will mich beherrschen. Ich habe schon hinreichend geprahlt, und zwar wohlüberlegt, wie man sehen wird, ehe ich mit meiner Geschichte fertig bin. Und schließlich dürfen Sie nicht vergessen, daß ich dieses Kapitel »das Unfaßbare und Ungeheuerliche« genannt habe. Wir hatten geplant, am ersten Oktober 1906 mit der Snark abzufahren. Daß sie nicht abfuhr, war unfaßbar und ungeheuerlich. Daß sie nicht fahren konnte, hatte keinen andern Grund, als daß sie nicht segelfertig war. Ihre Fertigstellung war zum 1. November, zum 15. November und zum 1. Dezember versprochen worden, und doch war sie nicht fertig. Am 1. Dezember verließen Charmian und ich das schöne reine Sonoma und zogen in die Stadt mit der schweren stickigen Luft – aber nicht für längere Zeit, ach nein, nur für vierzehn Tage, denn am 15. Dezember sollten wir abfahren. Und wir mußten es wohl wissen, denn Roscoe hatte es gesagt, und auf seinen Rat waren wir nach der Stadt gezogen, um uns dort vierzehn Tage aufzuhalten. Ach, die vierzehn Tage vergingen, sechs Wochen vergingen, acht Wochen vergingen, und der Tag der Abreise war ferner als je. Es erklären? Wer? – Ich? – Das kann ich nicht. Ich, ein Wortkünstler von Beruf, gestehe, daß ich nicht imstande bin zu erklären, warum die Snark nicht fertig war. Wie ich gesagt habe und hier wiederholen muß, war alles unfaßbar und ungeheuerlich.

Zu gegenseitiger Ermunterung pflegten wir die vielfachen Tugenden und Vorzüge der Snark aufzuzählen. Ja, und ich lieh mir immer mehr Geld und schrieb immer eifriger und schlug es heroisch ab, mir einen Sonntag frei zu nehmen und mit meinen Freunden einen Ausflug in die Berge zu machen. Ich baute ein

Schiff – und mir war es einerlei, was es kostete, wenn es nur ein Schiff wurde.
Und ja, die Snark hat noch etwas, womit ich prahlen muß, und das ist ihr Bug. Keine See wird je über ihn hinwegspülen. Er verlacht die Seen, dieser Bug. Und dazu ist er ein schöner Bug. Seine Linien sind der reine Traum, ich zweifle, daß je ein Boot mit einem schöneren und gleichzeitig brauchbareren Bug gesegnet war. Den Bug ansehen, heißt verstehen, daß die Kostenfrage bei diesem Bug keine Rolle gespielt hat. Und jedesmal, wenn unsere Abreise aufgeschoben wurde oder wenn neue Ausgaben hinzukamen, dachten wir an diesen wunderbaren Bug und beruhigten uns.
Die Snark war ein kleines Boot. Als ich berechnete, daß sie siebentausend Dollar kosten müßte, rechnete ich richtig und korrekt. Ich habe Scheunen und Häuser gebaut, und ich kenne die seltsame Neigung dieser Dinge, den berechneten Preis zu übersteigen. Das wußte ich schon ausgezeichnet, als ich berechnete, daß der Bau der Snark aller Wahrscheinlichkeit nach siebentausend Dollar kosten würde. Nun ja, er kostete dreißigtausend. Fragen Sie mich nicht, wie das zuging. Es ist wahr. Ich setzte meinen Namen unter die Schecks und beschaffte das Geld. Selbstverständlich ist das nicht zu erklären. Unfaßbar und ungeheuerlich, das ist es eben, wie man auch zugeben muß, ehe ich mit meiner Geschichte fertig bin.
Und dazu die Verspätung. Nicht einer von den Handwerkern, nicht eine von den Firmen, mit denen ich zu tun hatte, lieferte je zu der vereinbarten Zeit oder stellte sich je rechtzeitig ein, außer am Zahltag oder wenn eine Rechnung vorgelegt werden sollte. Die Leute schworen bei ihren unsterblichen Seelen, einen bestimmten Gegenstand zu einem bestimmten Tage zu

liefern, und trotzdem kamen die Dinge in der Regel nicht weniger als drei Monate nach der vereinbarten Zeit. Aber Charmian und ich trösteten uns damit, daß die Snark ein herrliches Boot sei, so stark und solide, und manchmal fuhren wir auch mit der Jolle hinaus, ruderten um die Snark herum und freuten uns über den wunderbaren Bug.

»Denk nur«, konnte ich zu Charmian sagen, »wenn wir einen Sturm vor der chinesischen Küste bekämen und die Snark beidrehte, wie ihr herrlicher Bug sich dann gegen den Sturm anarbeiten würde. Nicht ein Tropfen Wasser würde über den Bug hereinkommen.« Und bei solchen Gelegenheiten drückte Charmian mir begeistert die Hand und rief: »Sie ist es wahrhaftig wert, Verspätung, Ausgaben und Mühe und alles andere. Ach, es ist wirklich ein herrliches Boot!«

Unterdessen begannen die Redakteure und Verleger, mit denen ich Kontrakte hatte, mich zu quälen, daß ich ihnen eine Erklärung geben sollte. Aber wie sollte ich es ihnen erklären, wenn ich nicht imstande war, es mir selber zu erklären, und wenn keiner, nicht einmal Roscoe, es mir erklären konnte? Die Zeitungen begannen sich über mich lustig zu machen und kleine Gedichte über die Abreise der Snark zu bringen, bei denen der Kehrreim war: »Noch nicht, aber bald.« Und Charmian tröstete mich, indem sie mich an den Bug erinnerte, und ich ging in eine Bank und lieh mir noch fünftausend. Aber ein Gutes hatte die Verspätung doch. Einer meiner Freunde, der zufällig Kritiker ist, schrieb einen Artikel über mich, worin er mich und alles, was ich geschrieben hatte, und alles, was ich je schreiben sollte, verriß, und es war seine Absicht gewesen, daß der Artikel erscheinen sollte, wenn ich mich auf hoher See befand. Als er aber erschien, war ich immer noch auf dem Lande, und seitdem kommt er ununterbrochen mit einer Erklärung nach der andern.

Und die Zeit verging. Eines war uns allmählich klar geworden – es war unmöglich, die Snark in San Franzisko fertig zu bekommen. Sie war jetzt schon so lange in Arbeit, daß sie zu zerfallen begann, ja, es war schon so weit mit ihr gekommen, daß sie nicht mehr so schnell repariert werden konnte, wie sie entzweiging. Alle Menschen machten sich darüber lustig. Keiner nahm die Sache mehr ernst, am allerwenigsten die Leute, die an dem Schiff arbeiteten. Ich sagte, daß wir so, wie sie war, mit der Snark aufbrechen und sie in Honolulu fertig machen wollten. Ich versuchte sie in den Bootshafen zu segeln. Ehe sie so weit kam, wurde sie zwischen zwei mächtigen Leichtern eingeklemmt und arg gequetscht. Wir zogen sie auf die Bedding, als sie aber oben war, zerbrach die Bedding, und sie versackte mit dem Achterende im Schlamm.

Tag und Nacht, eine ganze Woche lang, zerrten zwei Schlepper an der Snark. Aber sie blieb eigensinnig mit dem Achterende tief im Schlamm stecken, mitten in den Trümmern der Bedding. Wie wir so in der Klemme saßen, begannen wir die Geräte und Maschinen zu benutzen, die in der San Franziskoer Gießerei verfertigt waren, und mit denen die Kraft von der Maschine auf das Spill übertragen werden sollte. Es war das erstemal, daß wir je das Spill versuchten. Der Guß war fehlerhaft; er ging in tausend Stücke, die Lager verbrannten und das Ankerspill war außer Funktion. Und als das besorgt war, ging es mit der siebzigpferdigen Maschine genauso. Die Maschine kam aus New York; der Unterbau auch; der hatte einen Fehler; der Unterbau hatte eine Menge Fehler, und die siebzigpferdige Maschine riß sich von dem zersplitternden

Unterbau los, hob sich hoch, sprengte alle Verbindungsstangen und Bolzen und fiel um. Und die Snark stak weiter in den Trümmern der Bedding, und die beiden Schlepper zerrten vergeblich an ihr.

»Mach dir nichts daraus!« sagte Charmian. »Denk daran, was für ein starkes und solides Boot es ist!«

»Ja«, sagte ich, »und welch herrlichen Bug sie hat!«

Mit einem Riesenfleiß und im Schweiße unseres Angesichts schleppten wir schließlich die Snark von den Trümmern der Bedding ab. Dann kamen die Frachtwagen mit den Sachen, die wir mitnehmen wollten – Bücher, Decken und Gepäck. Und gleichzeitig kam holterdiepolter alles andere an Bord – Holz und Kohlen, Wasser und Wasserbehälter, Gemüse, Proviant, Petroleum, das Rettungsboot und die Dampfbarkasse, alle unsere Freunde, alle Freunde unserer Freunde, gar nicht zu reden von den Freunden der Freunde unserer Besatzung. Und es kamen Reporter und Fotografen und Fremde und alle möglichen Sonderlinge und endlich, über dem Ganzen, Wolken von Kohlenstaub vom Kai.

Am Sonntag um elf Uhr sollten wir abfahren, und es war Sonnabend nachmittag. In der einen Tasche hatte ich ein Scheckbuch, einen Füllfederhalter, einen Datumstempel und ein Stück Löschpapier, in der andern ein- bis zweitausend Dollar in Gold und Papier. Ich war gerüstet, meinen Kreditoren zu begegnen. Und da –

Und da geschah das Unfaßbare und Ungeheuerliche noch einmal. Ehe Roscoe kam, stellte sich ein anderer Mann ein. Der Gerichtsvollzieher. Er klebte einen Anschlag an den stolzen Mast der Snark, so daß alle auf dem Kai lesen konnten, daß die Snark wegen Schulden gepfändet war. Der Gerichtsvollzieher setzte einen alten kleinen Mann zum Aufpassen auf die Snark und ging. Ich hatte nichts mehr auf der Snark zu sagen, nicht einmal mehr über ihren wunderbaren Bug zu befehligen. Das hatte jetzt der alte kleine Mann, der war ihr Herr und Meister, und ich erfuhr, daß ich ihm drei Dollar täglich dafür zu bezahlen hätte. Ich erfuhr auch den Namen des Mannes, der die Snark gepfändet hatte. Er hieß Sellers, und es handelte sich um einen Betrag von zweihundertundzweiunddreißig Dollar!

Sellers? Ich sah in meinem Scheckbuch nach und kam zu dem Ergebnis, daß ich vor zwei Wochen einen Scheck auf fünfhundert Dollar für ihn ausgestellt hatte. Aus andern Scheckbüchern ging hervor, daß ich ihm in den vielen Monaten, die die Snark in Arbeit gewesen war, mehrere tausend Dollar bezahlt hatte. Ja, aber warum hatte er denn nicht wie jeder andere vernünftige Mensch die Rechnung für den elenden kleinen Betrag vorgelegt, statt die Snark zu pfänden? Ich steckte die Hände in die Tasche, und in der einen Tasche stieß ich auf das Scheckbuch, in der andern auf das Goldgeld und die Scheine. Ich hatte ja Geld genug, um seine elende Rechnung mehrere Dutzend Male zu begleichen, warum hatte er mir keine Zeit gelassen? Es war nicht zu erklären, es war einfach das Unfaßbare und das Ungeheuerliche.

Was die Sache noch bedenklicher machte, war der Umstand, daß die Snark spät am Sonnabend nachmittag gepfändet war, und obwohl ich Rechtsanwälte und Agenten rings in Oakland und San Franzisko hatte, konnten sie weder den Richter, noch den Gerichtsvollzieher, noch Herrn Sellers, noch Herrn Sellers Rechtsanwälte und sonst irgendeinen Menschen auftreiben. Alle waren über Sonntag fortgereist.

»Das ist wirklich ein gemeiner Trick!« sagte ich zu

Charmian, als wir von Herrn Sellers und seiner Pfändung sprachen. »Eine Krämerseele, die vor Angst den Kopf verloren hat! Aber machen wir uns nichts daraus; unsere Mühen sind bald vorbei, wenn wir alles das hier hinter uns haben und auf dem großen Meere sind.«

Aber schließlich kamen wir doch fort, am Dienstag morgen, den 23. April 1907. Ich muß gestehen, daß die Abreise sehr mäßig vor sich ging. Wir mußten den Anker mit Handkraft einholen, weil das Spillgetriebe vollkommen verdorben war. Und was von unserer siebzigpferdigen Maschine noch übrig war, lag jetzt als Ballast im Raum der Snark. Aber wenn schon? Das konnte ja alles in Honolulu geordnet werden, und unterdessen konnten wir uns damit trösten, wie prachtvoll der Rest unseres Bootes war. Allerdings arbeitete die Maschine der Dampfbarkasse nicht, und das Rettungsboot zog Wasser wie ein Sieb; aber das war ja nicht die Snark, es war nur Zubehör. Was wirklich etwas bedeutete, das waren die wasserdichten Schotten, die soliden Planken, das Badezimmer, und was sonst dazugehörte – das war die Snark. Und dazu hatten wir ja das Allerheiligste, den stolzen Bug, der allen Stürmen Trotz bieten sollte.

Wir segelten durch das Goldene Tor hinaus und setzten den Kurs südwärts nach dem Teil des Stillen Ozeans, wo wir hoffen durften, in den Nordpassat zu gelangen. Und dort begannen sofort unsere Schwierigkeiten. Ich hatte gedacht, daß man auf einer Reise wie der, die wir auf der Snark machen wollten, Jugend brauchen würde, und ich hatte drei junge Menschen mitgenommen – den Maschinisten, den Koch und den Kajütjungen. Meine Rechnung stimmte nur zu zwei Dritteln nicht. Ich hatte nämlich vergessen, mit seekranker Jugend zu rechnen. Koch und Kajütjunge mußten gleich in die Koje gehen, und damit war es aus mit dem Nutzen, den wir in der ersten Woche von ihnen haben sollten. Aber das bedeutete auch nicht so viel, denn wir entdeckten bald, daß unsere Apfelsinen irgendwann gefroren gewesen, daß unsere Äpfel faul und daß zwei Kisten mit Kohl schon vor der Ablieferung verdorben gewesen waren, so daß wir sie sofort über Bord werfen mußten, das Petroleum über die Karotten gegossen war, daß das Brennholz naß war und nicht zünden wollte, und daß die Kohlen, die in morschen Kartoffelsäcken geliefert worden waren, über das ganze Deck schwammen und durch die Speigatten fortgespült wurden.

Aber was tat das? Das war ja alles ganz nebensächlich. Wir hatten das Boot, und das war doch wohl großartig! Ich schlenderte das Deck hinab und zählte im Laufe einer Minute vierzehn Stellen, wo die herrlichen Deckplanken zusammengesetzt waren; diese Deckplanken, die ich extra in Puget Sound bestellt hatte, damit sie nicht zusammengesetzt waren. Und das Deck leckte, und zwar ganz schrecklich. Das Wasser jagte Roscoe aus seiner Koje und verdarb die Werkzeuge im Maschinenraum, gar nicht zu reden von dem Proviant, den es in der Kombüse verdarb. Auch die Seiten der Snark leckten, und der Boden leckte, und wir mußten jeden Tag pumpen, um sie lenz zu halten. Der Fußboden der Kombüse befindet sich ein paar Fuß über der Innenbekleidung der Snark, und doch wurde ich, als ich in der Kombüse stand, um mir ein bißchen kaltes Essen zu holen, bis zu den Knien durchnäßt, so schwappte das Wasser darin auf und ab, und das kaum vier Stunden, nachdem das Schiff zum letztenmal lenz gepumpt worden war.

Und dann die prachtvollen wasserdichten Räume. Das Wasser floß, frei wie die Luft, aus einem Raum in den andern; ferner kam ein starker Geruch von Benzin aus dem hintersten Raum, der mich den geheimen Verdacht schöpfen ließ, daß einer oder mehrere von den fünf oder sechs Tanks, die dort aufbewahrt wurden, leckgesprungen waren. Und das Badezimmer mit seinen Pumpen, Handgriffen und Ventilen – das war außer Funktion, ehe vierundzwanzig Stunden vergangen waren.

Die Menschen, die uns wie in einem Sieb auf die See geschickt, hatten uns verraten, aber der liebe Gott muß es gut mit uns gemeint haben, denn wir hatten so lange stilles Wetter, bis wir lernten, daß wir jeden Tag pumpen mußten, um uns oben zu halten, und daß wir uns mehr auf ein Streichholz als auf das solideste Stück Eisen verlassen konnten, das es auf der ganzen Snark gab. Je mehr die Stärke und Solidität der Snark eine Sage zu werden begann, desto mehr setzten Charmian und ich unser ganzes Vertrauen auf den Bug der Snark. Wir hatten nichts anderes, auf das wir uns verlassen konnten. Alles war unfaßbar und ungeheuerlich, das wußten wir wohl, aber der Bug, der war sicher. Und da eines Abends, als wir beidrehen wollten –

Wie soll ich es beschreiben? Zuerst will ich zur Aufklärung von Laien mitteilen, daß »Beidrehen« ein Manöver ist, das im Sturm mittels verminderter Segel ausgeführt wird, wodurch man ein Schiff zwingt, sich gegen Wind und See zu drehen und sich dort zu halten. Wenn der Sturm nicht zu stark ist und die Seen nicht zu hoch gehen, kann ein Schiff von der Größe der Snark mit Leichtigkeit beidrehen, wonach man an Deck nichts mehr vorzunehmen hat. Der Ausguckmann ist überflüssig. Das Ruder wird festgezurrt. Alle Mann können sich schlafen legen oder Karten spielen. Nun, es wehte ein kleines Sommerstürmchen, als ich zu Roscoe sagte, es sei am besten, beizudrehen. Es wollte Nacht werden. Ich hatte den ganzen Tag gesteuert, und alles an Deck (Roscoe, Bert und Charmian) war müde, während die übrigen seekrank waren. Nun traf es sich so, daß wir schon zwei Reffe in das Großsegel geschlagen hatten; Außenklüver und Klüver waren geborgen, und das Vorstaksegel war gerefft und der Besan auch festgemacht. Ungefähr um diese Zeit ging der Klüverbaum kopfüber in eine See und brach mitten durch. Ich legte das Ruder hart, um beizudrehen. Die Snark rollte in diesem Augenblick ins Wellental. Ich legte das Ruder immer härter um. Das Schiff rührte sich nicht aus dem Wellental. Ich ließ Roscoe und Bert die Großschot tothalen. Die Snark rollte weiter ins Wellental und bald war die eine Reling unter Wasser, bald die andere.

Wir holten das Großsegel mittschiffs. Das veränderte den Kurs der Snark nicht um ein Zehntel Grad. Wir setzten das Sturmsegel an den Besan und slackten das Großsegel. Die Snark rollte weiter im Wellental. Ihr herrlicher Bug weigerte sich, seine Schuldigkeit zu tun und dem Wind Trotz zu bieten.

Lieber Leser, was würdest du tun, wenn du dich in einem kleinen Boot befändest, das im Wellental rollte, achtern mit einem Sturmsegel, das außerstande wäre, den Bug in den Wind zu schwingen? Den Seeanker werfen? Das eben taten wir. Wir hatten einen auf Bestellung verfertigten Patentanker, und es war garantiert worden, daß er nicht sinken konnte. Denken Sie sich einen eisernen Faßreifen, der einen großen Segeltuchbeutel aufsperren sollte – das ist ein Seeanker.

Nun ja, wir befestigten eine Leine am Seeanker und am Bug der Snark und warfen den Seeanker dann über Bord. Die Leine nach dem Bug wurde totgehalt. Das Sturmsegel am Besan hatte die Neigung, den Bug in den Wind zu schwingen, aber trotz dieser Neigung nahm die Snark den Seeanker ganz ruhig zwischen die Zähne und rollte weiter im Wogental, den Anker nachschleppend.

Jetzt frage ich: Wer hat je von einem Segelschiff gehört, das nicht beidrehen wollte? Es war dunkel, und hin und wieder erschien der Mond zwischen den Unwetterwolken. Um uns lag auf dem Wellental kalt und unerbittlich das Mondlicht, und die Snark rollte vergnügt darin herum. Und dann bargen wir Seeanker und Besansegel, setzten das gereffte Staksegel, fielen ab und ließen die Snark vor dem Winde laufen, und dann gingen wir hinunter – nicht zu einer warmen Mahlzeit, die für uns bereitstand, sondern um über den schmutzigen, schleimigen Fußboden in der Kajüte zu gleiten und uns angekleidet in unsere eigenen Kojen zu legen, so daß wir bereit waren, wenn etwas geschehen sollte.

Während ich dies schreibe, befinden wir uns im Nordostpassat und fahren vor ihm mit einer Fahrt von sechs Knoten die Stunde. Wir haben eine sehr brave See, und das Fahrzeug ist sich selbst überlassen – es steht nicht einmal ein Mann am Ruder. Falls jemand es genau wissen will: wir haben Nordostwind; das Besansegel der Snark ist beschlagen; das Großsegel ist nach Steuerbord gefiert; die Vorschoten sind flach gehalt und der Kurs der Snark ist SSW. Und doch gibt es Leute, die vierzig Jahre lang die Meere befahren haben und behaupten, daß kein Schiff vor dem Wind laufen kann, ohne daß man steuert.

Ich warte jetzt den nächsten Sturm ab, um zu sehen, ob man nicht die Snark mit dem Achterende in den Wind bringen kann. Ich glaube, es geht. Es hängt alles davon ab, wie das Achterende die Seen abreitet. Und wer weiß, ob nicht an einem stürmischen Morgen im Chinesischen Meer ein alter Graubart von Schiffer gucken und sich ungläubig die Augen reiben wird beim Anblick eines merkwürdigen kleinen Fahrzeugs, ungefähr so wie die Snark, das mit dem Achterende in den Wind gedreht liegt und geduldig wartet, bis der Sturm ausgeweht hat.

ABENTEUERLUST

Nein, die Abenteuerlust ist nicht tot, trotz Dampfmaschine und Thomas Cook & Son. Als die geplante Reise der Snark bekannt wurde, zeigte es sich, daß es massenhaft junge Männer mit Unruhe im Leib gab und junge Frauen dazu – gar nicht zu reden von den älteren Männern und Frauen –, die sich erboten, die Reise mitzumachen. Ja, unter meinen persönlichen Freunden waren mindestens ein Dutzend, die bitter bereuten, daß sie vor kurzem geheiratet hatten oder binnen kurzem heiraten wollten, und ich weiß auf jeden Fall eine Ehe, die der Snark wegen beinahe in die Brüche gegangen wäre.

Mit jeder Post kam eine ganze Ladung Briefe von Bittstellern, die in der »menschenschweren Atmosphäre der Stadt« nicht atmen konnten, und es wurde mir bald klar, daß ein Odysseus des zwanzigsten Jahrhunderts ein ganzes Korps von Stenographen brauchte, um mit seiner Korrespondenz fertig zu werden, ehe er aufbrechen konnte. Nein, die Abenteuerlust ist nicht tot – nicht, solange man Briefe erhält, die folgendermaßen anfangen: »Wenn Sie die flehentliche Bitte eines Fremden in New York lesen, zweifle ich nicht –«, und in dem man weiterhin erfährt, daß dieser »Fremde« nur neunzig Pfund wiegt, Kajütjunge zu werden wünscht und »danach durstet, alle Länder der Welt zu sehen«.

Bis auf ein paar Ausnahmen waren die vielen Hunderte, die uns ihre Dienste für die Snark anboten, sämtlich Leute, die es verflucht ernst meinten. Viele schickten ihre Fotografie. Neunundneunzig Prozent wollten jede Stellung annehmen und neunundneunzig Prozent ohne Bezahlung mitgehen. »Wenn ich an Ihre Reise mit der Snark denke«, sagte einer, »so würde es, trotz den Gefahren, mit denen sie verbunden ist, das höchste Ziel meines Ehrgeizes sein, Sie zu begleiten – als was Sie wollen.« Fast allen sollte ich auf ihre Kosten telegrafieren, daß ich auf ihr Angebot reflektierte, und eine ganze Schar erbot sich, Kaution dafür zu stellen, daß sie rechtzeitig zur Abreise eintreffen würden. Und da waren einfache und natürliche Briefe von Jungen, die sich zwar nicht sehr gut ausdrückten, aber ganz versessen darauf waren, die Fahrt mitzumachen. Sie waren es, denen ich es am allerschwersten abschlagen konnte. Sie meinten es so ernst, diese Jungen, und sie waren so darauf erpicht, mitzukommen. »Ich bin sechzehn Jahre alt, aber groß für mein Alter«, sagte einer, und ein anderer: »Sechzehn Jahre, aber groß und gesund.« »Ich bin jedenfalls ebenso stark wie die meisten andern Jungen meiner Größe«, erklärte ein offenbarer Schwächling. »Ich fürchte mich vor keiner Arbeit«, sagten viele, während einer, der mich sicher verlocken wollte, ihn wegen seiner Billigkeit mitzunehmen, sagte: »Ich kann meine Reise bis zur Küste des Stillen Ozeans bezahlen, so daß Sie damit keine Schwierigkeiten haben würden.« »Mit auf eine Reise um die Welt zu kommen, ist das einzige, woraus ich mir etwas mache«, sagte einer, und das schien auch die Lust von mehreren hundert andern zu sein. »Niemand kümmert sich darum, ob ich umkomme oder nicht«, war die rührende Saite, die ein anderer anschlug. Wieder einer schickte eine Fotografie und schrieb: »Ich sehe nicht nach viel aus, aber man soll dem Hund nicht auf die Haare schauen.« Und ich bin vollkommen überzeugt, daß der kleine Bursche, der folgendes schrieb, wirklich Nutzen getan haben würde: »Ich bin neunzehn Jahre alt, aber ziemlich klein und werde folglich nicht viel Platz in Anspruch nehmen, aber ich bin zäh wie der Teufel.« Und da war ein kleiner dreizehnjähriger Bewerber, in den Charmian und ich uns ganz verliebten und dem wir sehr ungern abschrieben. Aber man darf sich nicht vorstellen, daß der größte Teil der Leute, die sich anboten, Knaben waren, im Gegenteil: Diese Knaben machten nur einen sehr geringen Prozentsatz aus. Da waren Männer und Frauen in allen möglichen Lebensstellungen. Da waren zahllose Ärzte und Zahnärzte, die sich, wie alle besonders ausgebildeten Leute, erboten, ohne Bezahlung mitzugehen, jeden Dienst zu verrichten und sogar noch dafür zu bezahlen.

Da war auch eine unendliche Schar von Journalisten und Reportern, die mitfahren wollten, gar nicht zu reden von geübten Kammerdienern, Küchenchefs und Haushofmeistern. Zivilingenieure waren sehr erpicht darauf. Gesellschafterinnen für Charmian tauchten zu Dutzenden auf, während ich mit Bewerbungen von

Leuten überschwemmt wurde, die als Privatsekretäre mitfahren wollten. Viele Studenten sehnten sich danach, die Reise mitzumachen, und jedes Handwerk lieferte ein paar Bewerber, namentlich aber waren es Maschinisten und Elektriker, denen die Reise gefiel. Ich war sehr erstaunt über die vielen, die in stickigen Anwaltsbüros das Abenteuer rufen hörten, und ich war mehr als erstaunt über die große Menge älterer Schiffskapitäne, die sich von der See zurückgezogen hatten, ohne sich doch von ihrer Anziehungskraft losmachen zu können. Da waren ein paar junge Burschen mit der Aussicht auf verschiedene Millionen, die ganz wild auf das Abenteuer waren, und dasselbe galt von mehreren Schulinspektoren.

Nun, offen gesagt, es muß ja recht schwer für einen gewöhnlichen Menschen sein, einen ehrlichen Brief zu schreiben, um sich selbst zu empfehlen. Einem der Männer, die mir schrieben, war die Sache so peinlich, daß er in seinem Brief begann: »Es ist eine schwere Aufgabe«, und nachdem er vergebens versucht hatte, mir seine guten Eigenschaften klarzumachen, schloß er: »Es ist ein verfluchtes Stück Arbeit, über sich selbst zu schreiben.« Aber deshalb gab es doch einen, der sich selbst ein strahlendes, ausführliches Zeugnis erteilte, und der am Ende sagte, daß das Schreiben ihm einen mächtigen Spaß gemacht hätte. »Ich habe bessere Tage gesehen«, schrieb ein alter Seebär, »aber andererseits habe ich auch viel schlechtere gesehen.«

Die Opferfreudigkeit des Mannes, der folgendes schrieb, war zu rührend, als daß ich sie annehmen konnte: »Ich habe Vater, Mutter, Brüder und Geschwister, liebe Freunde und eine einträgliche Stellung, und doch würde ich alles opfern, um die Reise mitmachen zu dürfen.«

Ein anderer Bewerber, den ich nie hätte nehmen können, war der zimperliche junge Bursche, der, um mir zu zeigen, daß ich ihm durchaus eine Chance geben müßte, betonte, wie unmöglich es ihm sei, »mit einem gewöhnlichen Schiff zu fahren, denn ob es nun ein Schoner oder ein Dampfer wäre, so würde er gezwungen sein, unter gewöhnlichen Seeleuten zu leben, und das sei in der Regel kein sauberes Leben.«

Dann war da der sechsundzwanzigjährige Bursche, der »die ganze Skala menschlicher Gefühle durchlebt« und »alles gewesen war, vom Koch bis zum Studenten der Stanford-Universität«, und der jetzt, zur Zeit, als der Brief geschrieben wurde, »Viehhirt auf einer Ranch von fünfundneunzig Morgen war«. Einen Gegensatz hierzu bildete der Mann, der bescheiden erklärte: »Ich bin mir nicht bewußt, besondere Eigenschaften zu besitzen, die mich dazu berechtigen könnten, mich in Betracht zu ziehen. Sollte ich Ihnen aber gefallen, so würden Sie es vielleicht nicht bereuen, ein paar Minuten auf eine Antwort für mich zu opfern. Im übrigen gibt es ja in meinem Fach immer etwas zu tun. Ich erwarte also nichts, hoffe aber und zeichne usw.«

Und hier ein guter Brief von einem Mann, der nur fünf Fuß groß ist: »Als ich von Ihrem männlichen Plan von einer Reise um die Welt in einem kleinen Boot, mit Ihrer Frau an Bord, las, freute ich mich so, daß mir war, als hätte ich selbst den Plan erdacht, und ich wollte Ihnen schreiben, daß ich selbst gern als Koch oder Kajütjunge mitfahren möchte, aber, aus welchem Grunde auch, tat ich es nicht, und vorigen Monat zog ich von Oakland nach Denver, um in das Geschäft meines Freundes einzutreten, aber alles geht schief. Glücklicherweise haben Sie jedoch Ihre Reise wegen des großen Erdbebens aufgeschoben, und deshalb habe ich mich endlich entschlossen, Ihnen vorzuschlagen, daß Sie mir eine der beiden Stellungen geben. Ich bin nicht sehr stark, denn ich bin nicht mehr als fünf Fuß groß, aber ich bin gesund und arbeitsfähig.«

»Ich glaube, Ihnen zu einer Methode verhelfen zu können, wodurch Sie die Windstärke noch mehr ausnutzen können«, schrieb einer, der mir wohlwollte, »eine Methode, die, ohne die üblichen Segel bei leichter Brise zu beeinträchtigen, sie instand setzen würde, den stärksten Wind auszunutzen, selbst wenn er so stark ist, daß Sie nach der alten Methode gezwungen wären, jeden Fetzen Leinwand zu bergen, während Sie nach meiner Methode alle Segel setzen können. Mit meinem Apparat an Bord kann Ihr Schiff nie kentern.«

Dieser Brief war in San Franzisko geschrieben und am 16. April 1906 datiert. Und zwei Tage später, am 18. April, kam das große Erdbeben. Und das ist der Grund, daß ich auf das Erdbeben schlecht zu sprechen bin, denn es vertrieb den Mann, der den Brief geschrieben hatte, aus der Stadt und verhinderte unsere Begegnung.

Ein weitgereister Wanderer, der, »wenn die Gelegenheit sich böte, von vielen ungewöhnlichen Erlebnissen und Begebenheiten erzählen könnte«, opferte einen mehrere Seiten langen flammenden Erguß darauf, in dem er auszudrücken versuchte, was er meinte, und zum Schluß kam folgende Leistung: »Aber ich habe immer noch nicht erklären können, warum ich Ihnen dieses schreibe. Ich kann nicht glauben, daß ein Mann von Ihren Fähigkeiten und Ihrer Erfahrung sich auf ein solches Unternehmen einlassen will, das nicht weniger heißt, als wohlüberlegt den Tod zu suchen. Und selbst, wenn Sie mit dem Leben davonkommen sollten, so würden doch Sie selbst und die Leute, die Sie mitnehmen, von der beständigen Bewegung eines solchen Fahrzeuges vollkommen zerschlagen sein, selbst wenn es gepolstert wäre, etwas, das auf See nicht üblich ist.« Und er schließt seinen Brief folgendermaßen: »Obwohl ich Sie nicht beleidigen will, muß ich Ihnen doch sagen, daß es der reine Wahnsinn wäre, eine Frau in einem solchen Fahrzeug auch nur aus San Franzisko hinauszuschleppen.«

Und doch sitzt, während ich dieses schreibe, Charmian in ihrer Kajüte an der Schreibmaschine. Martin bereitet das Mittagessen, Tochigi deckt den Tisch, Roscoe und Bert kalfatern das Deck, und die Snark steuert sich selbst und macht gut ihre fünf Knoten die Stunde in einem geradezu herrlichen Meer – und die Snark ist nicht gepolstert.

Und folgendes schreibt die einzige Frau in der Welt, die sich, abgesehen von Charmian, für die Fahrt geeignet hätte: »Wenn Sie noch keinen Koch haben, möchte ich die Reise in dieser Eigenschaft mitmachen. Ich bin fünfzig Jahre alt, gesund und stark und kann die Arbeit für die paar Menschen, die die Besatzung der Snark ausmachen, leicht tun. Ich bin eine ausgezeichnete Köchin, seetüchtig und viel gereist, und wenn die Fahrt lange, ja, wenn sie zehn Jahre dauert, würde es mir lieber sein, als wenn sie nur ein Jahr dauerte. Empfehlungen usw.«

Wenn ich einmal eine Menge Geld verdient habe, will ich ein großes Schiff bauen, auf dem Platz für tausend Freiwillige ist. Die sollen arbeiten, um das Schiff um die Welt herum zu manövrieren, oder sie können zu Hause bleiben; und ich glaube, daß sie um die Welt kommen werden, denn ich weiß, daß die Abenteuerlust nicht tot ist. Ich weiß, daß es so ist, ich habe eine lange Korrespondenz mit der Abenteuerlust geführt.

PFADFINDER DES MEERES

»Aber«, wandten unsere Freunde ein, »wie könnt ihr ohne einen Navigator an Bord zur See gehen? Ihr versteht doch nichts davon, nicht wahr?«

Ich mußte gestehen, daß ich kein Navigator war, daß ich nie im Leben durch einen Sextanten gesehen hatte, und daß ich zweifelte, den Unterschied zwischen einem Sextanten und einem nautischen Almanach zu kennen. Und wenn sie fragten, ob Roscoe Navigator war, so schüttelte ich den Kopf. Das gefiel Roscoe nicht. Er hatte in ein Lehrbuch über Navigation, das für die Reise gekauft worden war, hineingeguckt und wußte mit einer Logarithmentafel umzugehen; er hatte irgendwann einmal einen Sextanten gesehen, und teils deswegen, teils wegen seiner seemännischen Abstammung bildete er sich ein, wirklich etwas von Navigation zu verstehen. Aber darin irrte Roscoe sich, das behaupte ich heute noch. Als ganz junger Bursche war er aus Maine über die Panamaenge nach Kalifornien gekommen, und nur dieses eine Mal war er so weit draußen gewesen, daß er kein Land sehen konnte. Er hatte nie eine Navigationsschule besucht oder ein Examen an einer solchen Schule gemacht; ebensowenig hatte er die großen Meere befahren und die Kunst von einem andern Navigator gelernt. Er hatte nur Segelsport in der Bucht von San Franzisko betrieben, wo das Land nie außer Sicht kommt, und wo man die Kunst der Navigation nie braucht.

So ging denn die Snark ohne Navigator auf ihre lange Reise. Wir kreuzten am 23. April durch das Goldene Tor hinaus und setzten den Kurs auf die Hawaii-Inseln, zweitausendeinhundert Seemeilen in der Luftlinie. Und das Ergebnis zeigte, daß wir es nicht schlecht machten. Wir erreichten Hawaii. Und wir erreichten es sogar ohne Mühe, d. h. ohne nennenswerte Mühe. Anfangs war es Roscoe, der für die Navigation zu sorgen hatte. Theoretisch wußte er Bescheid, aber es war das erstemal, daß er die Theorie anzuwenden versuchte, und das konnte man ganz deutlich aus dem launischen Benehmen der Snark erkennen. Nicht, daß die Snark auf dem Wasser nicht völlig sicher gewesen wäre; die Seitensprünge, die sie machte, erfolgten nur auf der Karte. Wenn nur eine leichte Brise herrschte, konnte sie eines schönen Tages einen Sprung auf der Karte machen, der »nassen Segeln und gedichteten Schotten« entsprach, und eines Tages, als sie gleichsam über das Meer dahinflog, kam sie wiederum auf der Karte kaum von der Stelle. Und wenn man alle vierundzwanzig Stunden des Tages hindurch sechs Meilen gelogt hat, hat man unbestreitbar hundertvierundvierzig Meilen über das Meer zurückgelegt. Das Meer war in Ordnung und das Patentlog auch, und was die Fahrt betraf, so sahen wir sie mit eigenen Augen. Darum war das einzige, das nicht stimmte, die Navigation, die die Snark auf der Karte nicht weiterbringen wollte. Nicht, daß das gerade jeden Tag geschah, aber es geschah doch. Und das war ganz natürlich und nicht mehr, als man vom ersten Versuch, eine Theorie anzuwenden, erwarten konnte.

Die Wissenschaft der Navigation hat immer eine merkwürdige Wirkung auf den Menschen ausgeübt. Der Durchschnittsnavigator spricht von der Navigation mit tiefer Ehrfurcht. Für den Laien ist sie ein großes, ehrfurchteinflößendes Mysterium. Ich habe offene und bescheidene junge Leute, so freimütig wie der Tag selbst, gekannt, die sich, sobald sie die Navigation erlernt hatten, ein geheimnisvolles, zurückhaltendes, selbstbewußtes Wesen zulegten, als wären sie in intellektueller Beziehung etwas ganz Besonderes geworden. Der Durchschnittsnavigator wirkt auf den Laien, als sei er Priester irgendeines religiösen Kults. Der Amateursegler senkt direkt die Stimme, wenn er einen auffordert, auf seinen Chronometer zu sehen. Und daher kam es, daß unsere Freunde sich so viele Sorgen machten, weil wir ohne Navigator fahren wollten.

Während des Baus der Snark hatten Roscoe und ich eine Ordnung getroffen, die ungefähr auf folgendes hinauslief: »Ich werde die Bücher und die Instrumente stellen«, sagte ich, »und dann machst du dich mit der Navigation vertraut. Ich habe selbst zu viel zu tun, um mich damit abzugeben. Und wenn wir dann auf die See kommen, kannst du mich lehren, was du selbst gelernt hast.« Roscoe war begeistert. Roscoe war ebenso offenherzig, freimütig und bescheiden wie die jungen Leute, die ich soeben beschrieben habe. Als wir aber auf die See hinauskamen und er seinen Kultus begann, während ich bewundernd zusah, ging eine unerklärliche, aber deutliche Veränderung mit seinem ganzen Wesen vor sich. Wenn er um Mittag die Sonne »schoß«, so war es, als hüllte diese Leistung ihn in glühende Flammen ein. Wenn er nach unten ging, seine Beobachtungen berechnete und wieder an Deck kam, um uns zu erzählen, auf welchem Längen- und Breitengrad wir uns befanden, hatte seine Stimme einen gebieterischen Klang, den keiner von uns je gehört hatte. Aber das war noch nicht das schlimmste. Er war von einem Wissen erfüllt, das er uns nicht mitteilen konnte. Und je klarer er sich über die Ursachen der launischen Bewegungen der Snark auf der Karte wurde, und je mehr Purzelbäume die Snark schlug, de-

sto geheimnisvoller, heiliger und ehrfurchteinflößender wurde sein Wissen.
Meine zarten Anspielungen, daß es jetzt Zeit für mich wäre, etwas zu lernen, wurden durchaus nicht mit Begeisterung angehört, und er erbot sich auch nicht, es mich zu lehren. Er gab nicht das geringste Zeichen, sich nach unserm Abkommen zu richten. Das war nicht Roscoes Schuld; er konnte nichts dafür. Es war ihm ergangen wie allen anderen Männern, die vor ihm die Navigation gelernt hatten. Durch eine verständliche und verzeihliche Begriffsverwirrung in bezug auf Werte, zuzüglich der Fähigkeit, sich zu orientieren, fühlte er sich von seiner Verantwortung beschwert und bildete sich ein, eine Macht zu besitzen, die geradezu göttlich war. Sein ganzes Leben hatte Roscoe auf dem Land verbracht, und folglich hatte er stets Land sehen können. Und da er stets Land und Kennzeichen, nach denen er steuern konnte, in Sicht gehabt hatte, war es ihm bisher, wenn auch hin und wieder mit einiger Schwierigkeit, geglückt, sich durch die Welt zu steuern. Jetzt aber befand er sich auf dem wilden Meere, das nur von dem ewigen Horizont des Himmels begrenzt war. Dieser Horizont sah immer gleich aus. Die Sonne ging im Osten auf und im Westen unter, und die Sterne kreisten des Nachts. Aber wer kann Sonne und Sterne ansehen und sagen: »Ich befinde mich in diesem Augenblick vierdreiviertel Meilen westlich von Jones Bargeschäft in Smithersville?«, oder: »Jetzt weiß ich, wo ich bin, denn das zweite Rad am Großen Wagen zeigt, daß Boston drei Meilen von hier an der zweiten Ecke rechts liegt?« Und doch war es eben das, was Roscoe tat. Daß er selbst über seine Leistung verblüfft war, lag in der Natur der Sache. Er hatte ein Wunder vollbracht. Sich selbst auf dem Meer zu

finden, wurde für ihn eine Art Gottesdienst, und er fühlte sich als ein Wesen, das uns anderen unendlich überlegen war, weil wir diese Mysterien nicht kannten, und weil es seine Hand war, die uns über diese wogende, unendliche Fläche führen sollte, über diese salzige See, die die Länder verbindet, und auf der es keine Meilensteine gibt. Und deshalb kniete er vor dem Sextanten, berief sich auf alte Folianten und Tabellen mit magischen Zeichen, murmelte Gebete in einer fremden Sprache, Gebete, die wie Index, Fehler, Deklination, Refraktion klangen, schrieb geheimnisvolle Hieroglyphen auf Papier, addierte im Kopf und nahm dann ein heiliges Blatt – ich meine die Seekarte –, setzte den Finger auf eine bestimmte Stelle, die durch völliges Unbeschriebensein glänzte und sagte: »Hier sind wir.« Und wenn wir auf die unbeschriebene Stelle sahen und sagten: »Wo ist das denn?«, so antwortete er im Zifferncode des Hohenpriesters: »31 – 15 – 47 – Nord, 133 – 5 – 30 – West.« Und wir sagten: »Oh!« und fühlten uns schrecklich klein.

Und deshalb sage ich, daß es nicht Roscoes Fehler war. Er war ein Gott, und er hielt uns auf unserer Fahrt über die unbeschriebenen Felder der Seekarte in seiner hohlen Hand. Ich fühlte tiefe Ehrfurcht vor Roscoe, und diese Ehrfurcht wurde so heftig, daß ich mich der Länge lang aufs Deck hätte hinwerfen und Gebete stammeln können. Eines Tages aber erklang ein zartes Stimmchen in meinem Innern: »Dies ist kein Gott, es ist Roscoe, ein Sterblicher wie ich selbst. Was er getan hat, das kann ich auch. Wer hat es ihn gelehrt? Er selbst! Geh hin und tue desgleichen – sei dein eigener Lehrer.« Und in diesem Augenblick stürzte Roscoe von seinem Piedestal und war nicht mehr Hoherprie-

ster auf der Snark. Ich drang in das Heiligtum ein und verlangte die alten Folianten und magischen Tabellen und die Gebetmühle – den Sextanten meine ich.
Und jetzt will ich mit einfachen Worten beschreiben, wie ich mir selbst das Navigieren beibrachte. Einen ganzen Nachmittag saß ich im Cockpit, steuerte mit der einen Hand und suchte mit der andern in den Logarithmen. Zwei Nachmittage, je zwei Stunden, studierte ich die allgemeinen theoretischen Grundsätze der Navigation und namentlich, wie man es machte, wenn man eine Meridianhöhe nehmen wollte. Dann holte ich mir den Sextanten, stellte den Indexfehler fest und »schoß« die Sonne. Eine Berechnung auf Grund dieser Observation zu machen war die reine Spielerei. Im »Lehrbuch« und im nautischen Almanach gab es Dutzende spitzfindiger Tabellen, die alle von Mathematikern und Astronomen ausgearbeitet waren. Es war so, wie wenn man eine Zinstabelle und einen Rechenschieber von der Art, wie ihr ihn alle kennt, benutzt. Das Mysterium war kein Mysterium mehr. Ich setzte den Finger auf die Karte und erklärte, daß wir hier wären. Ich hatte auch recht, oder doch jedenfalls ebensoviel recht wie Roscoe, der sich auf einem Punkt eine Viertelmeile von mir entfernt wähnte. Er war bereit, mir halbwegs entgegenzukommen. Ich hatte ein Loch in das Mysterium geschlagen und doch war das Ganze ein solches Wunder, daß ich fühlte, wie neue Kraft in mir erwachte und ich von Stolz durchbebt und durchglüht wurde. Und als Martin mich – genauso demütig und ehrerbietig, wie ich zuvor Roscoe – fragte, wo wir waren, antwortete ich ungeheuer triumphierend und freimütig im Ziffercode des Hohenpriesters und hörte Martins demütiges und ehrerbietiges »Oh!«. Und was Charmian betraf, so fühlte ich, daß ich mein

Anrecht auf sie auf eine neue Art und Weise bekräftigt hatte, und es erwachte in mir ein ganz neues Gefühl – nämlich das Gefühl, daß sie eine glückliche Frau war, da sie einen solchen Mann hatte.

Das Gift der Macht hatte in mir zu gären begonnen. Ich war nicht wie andere Männer; ich kannte etwas, das sie nicht kannten – das Mysterium des Himmels, das einem den Weg über die Tiefe wies. Und der Vorgeschmack der Macht, die ich erhalten hatte, trieb mich weiter. Stundenlang steuerte ich mit einer Hand, während ich das Mysterium mit der anderen Hand studierte, und vor Ende der Woche war ich ein kleiner Hexenmeister.

Stolz? Ich konnte Wunder tun. Ich vergaß, wie leicht ich mir die Gelehrsamkeit aus den gedruckten Büchern verschafft hatte. Ich vergaß, daß alle Arbeit – und zwar eine mächtige Arbeit – von den großen Geistern vor mir, den Astronomen und Mathematikern, getan war, die die ganze, Navigation genannte Wissenschaft erfunden und ausgearbeitet und alle Tabellen in den Lehrbüchern verfertigt hatten. Ich erinnerte mich nur des ewigen Mirakels, daß ich auf die Stimme der Sterne gelauscht und von ihnen erfahren hatte, wo auf dem Weg des Meeres ich mich befand. Charmian verstand nichts davon, Martin verstand nichts davon. Aber ich erzählte es ihnen. Ich war Gottes Sendbote. Ich stand zwischen ihnen und der Unendlichkeit. Es war der Himmel selbst, der uns den Weg wies, und ich war es, der deutete, was am Himmel geschrieben stand. Ich war es! Ja, ich!

Und jetzt, da ich mich ein bißchen beruhigt habe, will ich schnell ausplaudern, wie unendlich einfach es ist – ja, ich will von Roscoe und den andern Navigatoren und der ganzen übrigen Priesterschaft erzählen, aus

Furcht, daß ich genau wie sie werde, geheimnisvoll, unbescheiden und aufgeblasen vor Einbildung. Und ich will es gleich sagen: Jeder beliebige junge Bursche mit einem leidlichen Hirn und gewöhnlichen Schulkenntnissen kann sich die Bücher, Karten und Instrumente verschaffen und selbst Navigation lernen. Nein, man darf mich nicht mißverstehen. Seemannschaft ist etwas ganz anderes. Die lernt man nicht an einem Tag und nicht an vielen Tagen; sie erfordert Jahre. Ferner erfordert sie die Besteckberechnung, langwieriges Studium und viel Übung.

Aber mit Hilfe von Observationen, von Sonne, Mond und Sternen zu navigieren, das ist – Dank den Astronomen und Mathematikern! – die reine Spielerei. Jeder junge Bursche kann das alles im Laufe einer Woche lernen. Ich will damit nicht sagen, daß ein junger Bursche nach einer Woche einen Dampfer von fünfzigtausend Tonnen steuern könnte, der mit einer Geschwindigkeit von zwanzig Knoten die Stunde durch das salzige Wasser schießt und bei schönem und schlechtem Wetter, bei klarem oder wolkigem Himmel von Land zu Land jagt. Was ich meine, ist nur folgendes: Der junge Bursche, von dem ich sprach, kann mit einem soliden Segelboot über das Meer reisen, ohne auch nur das geringste von Navigation zu verstehen, und ehe die Woche um ist, wird er berechnen können, an welchem Punkt der Welt er sich befindet. Er wird imstande sein, eine Meridianbeobachtung einigermaßen genau zu nehmen, und von dieser Beobachtung aus wird er, wenn er zehn Minuten gerechnet hat, sagen können, auf welchem Breiten- und Längengrad er sich befindet. Und wenn er weder Fracht noch Passagiere und keine besondere Eile hat, seinen Bestimmungsort zu erreichen, so kann er ganz gemütlich da-

hingondeln, und wenn er in irgendeiner Beziehung an seiner eigenen Navigation zweifelt und fürchtet, plötzlich an Land zu laufen, so braucht er ja nur über Nacht beizudrehen und morgens weiterzufahren.
Während ich diese Zeilen schreibe, hebe ich den Blick und sehe übers Meer hinaus. Ich befinde mich am Strand von Waikiki auf der Insel Oahu. In der Ferne, an dem azurblauen Himmel, treiben die Wolken des Passats ganz tief über der blaugrünen Fläche des tiefen Meeres dahin. In der Nähe ist das Meer smaragdfarbig und hellolivgrün. Dann kommt das Riff, über dem das Wasser ganz schieferfarbig und dunkelviolett mit roten Flecken ist. Noch näher befinden sich Streifen von lichterem Grün und Gelbbraun, die zeigen, wo Korallenriffe und Sandbänke miteinander abwechseln. Aber in diesen Farben tummelt sich mit Lärm und Poltern die herrliche Brandung. Ja, ich hebe meinen Blick zu alledem, und auf dem weißen Gipfel einer Sturzwelle schießt plötzlich eine dunkle aufrechte Gestalt heran, ein neues Tier, ein Fischmensch oder ein Meeresgott, kommt auf der Vorderseite des Wogenberges zum Vorschein, wo der Kamm sich bricht und vorwärtsgeschleudert wird, und treibt an die Küste, bis zu den Lenden in rauchendem Schaum begraben, vom Meer gepackt und buchstäblich an Land geschleudert. Es ist eine Kanake auf einem Brett. Und ich weiß: Wenn ich mit diesen Zeilen fertig bin, werde ich auch inmitten dieser Orgie von Farben und kochender Brandung sein, werde der Brecher lachen, wie er es tut, und es wird mir mißlingen, wie es ihm nie mißlungen ist, aber ich will das Leben leben, wie die Besten von uns es leben können. Und das Bild des farbenprächtigen Meeres und des schwimmenden Meergottes, des Kanaken, wird für den jungen Mann noch ein Grund mehr

sein, nach Westen, weiter nach Westen zu ziehen, hinter die Stelle, wo die untergehende Sonne sich im Meer badet, beständig nach Westen, bis er seinen Ausgangspunkt wieder erreicht.

Aber wieder zurück zu meinem Thema. Glaubt bitte nicht, daß ich das alles schon kenne. Ich kenne nur die Anfangsgründe der Navigation. Ich muß noch eine Menge lernen. An Bord der Snark gibt es zwei Dutzend wunderbarer Bücher über Navigation, die auf mich warten. Es gibt Dutzende und aber Dutzende von Methoden, nach denen man herausfinden kann, wo über der Tiefe man sich befindet, und man kann viele Jahre lang arbeiten, ehe man diese Kunst mit allen Feinheiten beherrscht.

Selbst das wenige, das wir gelernt, hatte noch schlimme Löcher. Eines Abends, zu Anfang der zweiten Hundewache, saßen Charmian und ich auf der Back, um Piquet zu spielen. Als ich zufällig hinsah, erblickte ich Berge mit bewölkten Gipfeln sich aus dem Meer heben. Wir freuten uns beim Anblick des Landes, aber ich war verzweifelt über unsere Navigation. Ich glaube, etwas gelernt zu haben, und doch hätten wir nach der Position, die wir zur Mittagszeit gehabt, plus der Distanz, die wir seitdem gefahren waren, mindestens noch hundert Meilen vom Land entfernt sein sollen. Aber das Land lag vor unsern Augen in der flammenden Glut des Sonnenuntergangs. Das Land war da, das war nicht zu bestreiten, und deshalb mußte unsere Navigation nicht stimmen. Aber so war es nun doch nicht. Was wir sahen, war der Gipfel des Haleakala, des Hauses der Sonne, des größten ausgebrannten Vulkans der Welt. Er erhob sich zehntausend Fuß hoch über das Meer und war reichlich hundert Meilen entfernt. Wir fuhren die ganze Nacht mit einer

Schnelligkeit von sieben Knoten die Stunde, und am Morgen lag das Haus der Sonne immer noch vor uns, und wir mußten noch ein paar Stunden fahren, um hinzugelangen. »Die Insel ist Maui«, sagten wir und fanden es auf der Karte bestätigt. »Die nächste Insel, die erscheint, ist Molokai, wo die Aussätzigen wohnen. Und die nächste Insel danach ist Oahu. Dort haben wir die Makapuuspitze. Morgen werden wir in Honolulu sein. Unsere Navigation klappt vorzüglich.«

DIE ERSTE LANDUNG

Es wird gar nicht so einförmig auf See sein«, hatte ich zu meinen Mitreisenden auf der Snark gesagt. »Es wimmelt von Leben auf dem Meer. Es ist so bevölkert, daß jeden Tag etwas Neues geschieht. Kaum haben wir das Goldene Tor passiert und steuern nach Süden, so treffen wir fliegende Fische. Die essen wir gebraten zum Frühstück. Wir werden auch Boniten und Goldmakrelen fangen und Tümmler vom Bug aus harpunieren. Und dann kommen die Haie – unendliche Scharen von Haien.«

Wir passierten das Goldene Tor und steuerten nach Süden. Die Berge Kaliforniens verschwanden hinter dem Horizont, und mit dem Tag wurde die Sonne wärmer. Aber es gab keine fliegenden Fische, keine Boniten und keine Goldmakrelen. Es gab nicht das geringste Leben auf dem großen Meere. Nie bin ich auf einem so gottverlassenen Meer gefahren. Auf denselben Breitengraden habe ich sonst stets fliegende Fische getroffen.

»Macht euch nichts daraus!« sagte ich. »Wartet, bis wir vor die Küste von Südkalifornien kommen. Dann treffen wir schon noch fliegende Fische.«

Wir kamen vor Südkalifornien, vor die Halbinsel Niederkalifornien, vor die Küste Mexikos, und immer noch gab es keine fliegenden Fische. Es gab auch sonst nichts. Nichts Lebendes regte sich. Mit den Tagen wurde dieser völlige Mangel an Leben fast unheimlich.

»Macht euch nichts daraus!« sagte ich. »Wenn die fliegenden Fische kommen, kommt alles andere auch. Fliegende Fische sind die Lebensbedingung für alles andere. Es kommt alles auf einmal, sobald wir fliegende Fische treffen.«

Ich hätte in südwestlicher Richtung nach Hawaii steuern sollen, aber ich steuerte weiter nach Süden. Ich wollte die fliegenden Fische finden. Endlich kam die Zeit, da ich geradeswegs nach Westen hätte steuern sollen, wenn ich nach Honolulu wollte. Statt dessen hielt ich weiter südwärts. Erst auf dem neunzehnten Breitengrad trafen wir den ersten fliegenden Fisch. Er war ganz allein. Ich sah ihn. Fünf eifrige Augenpaare starrten den ganzen Tag über das Meer, aber kein zweiter ließ sich blicken. So spärlich waren die fliegenden Fische, daß fast eine Woche verging, ehe der letzte von uns seinen ersten fliegenden Fisch sah. Und was die Goldmakrelen, die Boniten, die Tümmler und alle anderen Horden lebender Geschöpfe betraf – so war nicht eines da.

Nicht einmal ein Hai durchschnitt die Oberfläche mit seiner Rückenflosse. Bert nahm täglich ein Tauchbad unter dem Bugspriet und ließ sich, an die Stags geklammert, durch das Wasser schleppen. Und täglich dachte er darüber nach, ob er nicht loslassen und einmal tüchtig schwimmen sollte. Ich tat mein Bestes, ihn davon abzuhalten. Aber ich hatte meine ganze Autorität mit Bezug auf das Leben im Meere bei ihm eingebüßt.

»Wenn es Haie gibt«, sagte er, »warum zeigen sie sich dann nicht?«

Ich versicherte ihm, daß Haie sofort auftauchen würden, sobald er wirklich loslassen und schwimmen würde. Das war indessen Bluff von mir. Ich glaubte es selber nicht. Es schreckte ihn zwei Tage lang ab. Am dritten Tage flaute der Wind ab, und es war sehr, sehr heiß. Die Snark machte einen Knoten die Stunde. Bert schwang sich unter das Bugspriet und ließ los. Und da kann man sehen, wie es ist. Wir hatten eine Strecke von zweitausend Meilen oder mehr zurückgelegt, ohne einen Hai zu treffen. Aber fünf Minuten, nachdem Bert wieder an Bord geklettert war, sahen wir eine Haiflosse über der Oberfläche auftauchen und um die Snark kreisen.

Etwas stimmte nicht mit dem Hai. Es störte mich. Er hatte nicht das Recht, sich in diesem gottverlassenen Meer aufzuhalten. Je mehr ich darüber nachdachte, desto unverständlicher wurde er mir. Aber zwei Stunden später bekamen wir Land in Sicht, und das Mysterium war aufgeklärt. Er war vom Lande her gekommen und nicht aus der unbewohnten Tiefe. Er war der Sendbote des Landes.

Siebenundzwanzig Tage, nachdem wir San Franzisko verlassen hatten, liefen wir die Insel Oahu an, die zu Hawaii gehört. In früher Morgenstunde trieben wir um die »Diamantenspitze« und hatten freie Aussicht auf Honolulu. Und jetzt begann der Ozean plötzlich von Leben zu wimmeln. Fliegende Fische spalteten die Luft in schimmernden Scharen. In fünf Minuten sahen wir mehr, als wir auf der ganzen Reise gesehen hatten. Andere Fische, große und von verschiedener Art, sprangen in die Luft. Überall war Leben, im Meer wie an der Küste. Wir konnten die Masten und Schornsteine der Schiffe sehen, die im Hafen lagen, die Hotels und die Badenden am Strande von Waikiki, den Rauch, der von den Wohnhäusern auf den Hängen der Vulkane »Punschterrine« und »Tantalus« aufstieg. Das Zollboot kam mit Volldampf angeschossen, und ein ganzer Schwarm von Tümmlern begann vor unserm Bug die lächerlichsten Sprünge zu machen. Die Dampfbarkasse des Hafenarztes setzte den Kurs auf uns, und eine große Meerschildkröte tauchte aus dem Wasser auf, um uns zu sehen, was für Geschöpfe wir waren. Noch nie hatten wir solch wimmelndes Leben gesehen. Fremde Menschen betraten das Deck, fremde Stimmen ertönten überall, und Exemplare der Morgenzeitungen aus allen Weltteilen wurden uns unter die Nase gehalten. Unter anderem lasen wir, daß die Snark mit Mann und Maus untergegangen und daß sie im übrigen ein sehr wenig seetüchtiges Fahrzeug gewesen war. Und doch während wir diese Mitteilung lasen, wurde vom Gipfel des Haleakala ein Radiotelegramm abgesandt, das der Welt die gute Ankunft der Snark meldete.

Es war die erste Landung der Snark – und welche Landung! Siebenundzwanzig Tage hatten wir über der gottverlassenen Tiefe verbracht, und es war schwer zu verstehen, daß es so viel Leben auf der Welt gab. Uns schwindelte. Wir konnten nicht alles auf einmal erfassen. Wir kamen uns vor wie eine Schar eben Erwachender, noch Träumender. Auf der einen Seite reichte das azurblaue Meer bis zum Horizont mit dem azurblauen Himmel, auf der andern Seite hob es sich in großen, smaragdgrünen Sturzseen, die sich schneeweiß schäumend an einer weißen Korallenküste brachen.

Weiter den Strand hinauf waren grüne Zuckerplantagen, die allmählich in steilere Hänge übergingen, welche wiederum zackigen vulkanischen Berggipfeln wichen. Triefend naß von Tropenschauern lagen sie da, und über ihnen lagerten mächtige Wolkenmassen. Auf alle Fälle war es ein schöner Traum. Die Snark drehte und steuerte geradeswegs auf die smaragdgrüne Brandung los, bis sie sich mit Lärm und Poltern auf beiden Seiten des Bootes hob und, kaum einen Steinwurf entfernt, das Korallenriff, blaßgrün und rot, seine langen Zähne zeigte.

Plötzlich streckte das Land selbst die Arme aus und umfaßte die Snark mit dem ganzen verschwenderischen Reichtum von Olivgrün in tausend Nuancen. Achtern lag die gefährliche Einfahrt über dem Korallenriff und vor dem Bug ein üppiges Land, eine Lagune, die von keiner Welle gekräuselt wurde, sowie winzige Strandstreifen, wo dunkelhäutige Tropenkinder lagen und im Wasser planschten. Die Ankerkette der Snark lief klirrend durch die Klüse, und wir lagen ganz still auf einer Fläche, so blank und glatt wie ein Parkettboden. Es war alles so schön und wundersam, daß wir gar nicht verstehen konnten, daß es Wirklichkeit war. Auf der Karte hieß diese Stelle »der Perlenhafen«, aber wir nannten sie den »Traumhafen«.

Eine Dampfbarkasse kam zu uns heraus, und darin saßen Mitglieder des Hawaii-Jachtklubs, die uns willkommen hießen und uns mit der Gastfreundschaft, die für die Bevölkerung von Hawaii bezeichnend ist, alles, was sie besaßen, zur Verfügung stellten. Es waren gewöhnliche Menschen von Fleisch und Blut, aber sie störten unsere Träume nicht. Unsere letzte Erinnerung an lebende Menschen waren der Gerichtsvollzieher und kleine erschrockene Kaufleute, deren Seelen nur muffige Dollarstücke waren, und die in einer stickigen Atmosphäre von Ruß und Kohlenstaub die Snark mit ihren schmutzigen Händen packten und sie hindern wollten, auf ihr weltumspannendes Abenteuer zu ziehen. Aber diese Männer, die uns hier empfingen, waren reine Männer. Ihre Farbe war gesund und sonnengebräunt, und ihre Augen waren nicht geblendet oder geschwächt von zu langem Starren auf funkelnde Dollarhaufen.

So fuhren wir denn mit ihnen, segelten über die glitzernde Meeresfläche nach dem wunderbaren grünen Land. Wir betraten eine winzige Bootsbrücke, und das Gefühl, daß es ein Traum war, verstärkte sich wieder, denn man muß wissen, daß wir uns siebenundzwanzig Tage lang in der winzigen Snark auf dem großen Weltmeer gewiegt hatten. Nicht ein einziges Mal im Laufe dieser siebenundzwanzig Tage hatten wir einen Augenblick Ruhe vor dem ewigen Wiegen und Rollen gehabt. Diese beständige Bewegung war uns direkt ins Blut übergegangen. Körper und Gehirn hatten sich so lange gewiegt und gerollt, daß wir, als wir auf die winzige Bootsbrücke kamen, uns weiter wiegten und rollten. Dafür gaben wir ganz ruhig der Bootsbrücke die Schuld. Ich taumelte über sie hin und wäre fast ins Wasser gefallen. Ich sah Charmian an, und es machte mich ganz traurig, wie sie ging. Die Brücke war genau wie ein Schiffsdeck. Sie hob sich, sie krängte über und schaukelte, und da sie kein Geländer besaß, hatten Charmian und ich genug zu tun, um nicht ins Wasser zu fallen. Ich habe nie eine so lächerlich kleine Brücke gesehen. Jedesmal, wenn ich sie richtig ansah, hörte sie gleich mit dem Rollen auf, sobald ich mich aber nicht weiter mit ihr beschäftigte, begann sie wieder damit, genau wie die Snark. Einmal ertappte ich sie auf frischer Tat, als sie sich gerade hochkant stellte, ich sah die zweihundert Fuß lange Brücke entlang, und sie glich genau einem Schiff, das sich in eine mächtige Woge stürzte.

Schließlich wurden wir jedoch dank unsern Wirten mit der Bootsbrücke fertig und kamen an Land. Aber das Land benahm sich nicht besser. Das allererste, was es tat, war, daß es auf der einen Seite überkrängte, und so weit das Auge reichte, konnten wir es schaukeln sehen bis zu dem unebenen, vulkanischen Rückgrat, und ich sah auch, wie die Wolken darüber schaukelten. Es war kein vernünftiges Land, das richtig fest lag, wie es sollte, sonst hätte es nicht derartige Sprünge gemacht. Es war wie alles andere unwirklich. Es war ein Traum. Jeden Augenblick konnten sich die Nebelwolken auflösen und verschwinden. Mir fiel ein, daß es vielleicht meine eigene Schuld war, daß etwas in meinem Kopf nicht stimmte, oder daß ich etwas gegessen hatte, was ich nicht vertragen konnte. Aber ich sah Charmian und ihren traurigen Gang, und plötzlich sah ich sie gegen das Mitglied des Jachtklubs, das neben ihr ging, taumeln. Ich sprach mit ihr, und sie beklagte sich, daß das Land sich nicht ordentlich benehmen wollte.

Wir gingen über einen großen, wunderbaren Rasenplatz durch eine Allee mit Königspalmen und über noch wunderbarere Rasenplätze unter stattlichen, schattigen Bäumen. Die Luft war voller Vogelgesang und gesättigt von einem würzigen, warmen Duft, der uns von großen Lilien und strahlenden Klematis und andern seltsamen, prachtvollen tropischen Blumen entgegenwogte. Der Traum wollte fast unerträglich schön für uns werden, die wir so lange nichts gesehen hatten als das ruhelose salzige Meer. Charmian streckte die Hand aus und klammerte sich an mich – wie ich zuerst glaubte, um Stütze gegen all die unsagbare Schönheit zu finden. Aber nein! Während ich sie stützte, versuchte ich selbst festen Fuß zu fassen, und die Blumen und Rasenplätze tanzten und drehten sich um mich herum. Es war wie ein Erdbeben, nur daß es fast im selben Augenblick vorbei war und keinen Schaden anrichtete. Es war recht schwer, das Land mit seinen Narrheiten auf frischer Tat zu erwischen. Solange ich ihm meine Aufmerksamkeit zuwandte, geschah nichts, kaum aber dachte ich an etwas anderes, als auch schon das ganze Panorama sich zu drehen und zu heben und in allen möglichen Winkeln zu krängen begann. Einmal wandte ich plötzlich den Kopf und erwischte die stattliche Reihe von Königspalmen dabei, wie sie sich in einem großen Bogen über den Himmel schwang. Aber die Bewegung hielt inne, sobald ich den Blick darauf heftete, und alles wurde wieder ein friedlicher Traum. Dann gelangten wir in ein Haus voller Kühle, mit einer großen, breiten Veranda, wo es sich gut sein ließ. Fenster und Türen standen offen und ließen die Brise ein, und Vogelgesang und Blumenduft wogten herein. Die Wände waren mit Tapamatten behängt. Diwane mit Decken aus gewebtem Stroh standen einladend, wohin man sah, und ein Flügel spielte Melodien, die kaum erregender waren als Wiegenlieder. Dienende Geister – japanische Mädchen in Nationaltracht – glitten hin und her, lautlos wie Schmetterlinge. Alles war so übernatürlich kühl. Hier war keine Tropensonne, die ihre brennenden Strahlen auf ein nie weichendes Meer herabsandte. Es war ein Traumhaus. Ich weiß es, denn ich wandte mich plötzlich um und ertappte den Flügel dabei, wie er in einer Ecke der Stube herumsprang. Ich sagte nichts, denn es war eine angenehme Frau da, die uns willkommen hieß, eine schöne, in ein weißes wogendes Gewand gekleidete Madonna mit Sandalen an den Füßen, und sie begrüßte uns, als hätten wir uns immer gekannt.

Wir saßen an einem Tisch auf der Veranda, wurden von den schmetterlingsleichten jungen Mädchen bedient, aßen seltsame Gerichte und genossen einen Nektar, den sie Poi nannten. Aber der Traum drohte sich aufzulösen. Es flimmerte und zitterte wie eine schimmernde Seifenblase, die im nächsten Augenblick bersten wollte. Ich sah gerade über das grüne Gras, die stattlichen Bäume und die Klematisblüten hinaus, als ich fühlte, wie der Tisch sich zu bewegen begann. Der Tisch und die Madonna mir gegenüber, die Veranda, die strahlenden Klematis, der Rasen und die Bäume – alles hob sich, schaukelte vor meinen Augen und sank in ein riesiges Wellental. Ich packte krampfhaft meinen Stuhl und hielt ihn fest. Ich hatte ein Gefühl, als klammerte ich mich ebenso an meinen Traum wie an den Stuhl. Ich wäre nicht erstaunt gewesen, wenn das Meer begonnen hätte, zur Veranda hereinzuspülen, so daß die ganze Märchenwelt ausgelöscht worden wäre und ich wieder am Ruder der Snark gestanden und gerade von den Logarithmentafeln, die ich studierte, aufgeblickt hätte. Aber der Traum dauerte an. Ich schielte heimlich nach der Madonna und ihrem Mann. Sie saßen ganz ruhig da, die Schüsseln auf dem Tisch hatten sich nicht verrückt. Klematis, Bäume und Gras waren immer noch da. Nichts war verändert. Ich genoß mehr Nektar, und der Traum war wirklicher als je.

»Wollen Sie etwas Eistee haben?« fragte die Madonna, und ihre Tischseite sank ganz sanft hinab, und ich sagte aus einem Winkel von fünfundvierzig Grad »ja«. »Da wir gerade von Haien sprechen«, sagte ihr Mann, »da war ein Mann oben bei Niihau –«, und in

diesem Augenblick hob sich der Tisch, und ich guckte ihn aus einem Winkel von fünfundvierzig Grad an.
So verging das Frühstück, und ich war froh, daß ich nicht die Demütigung erleiden sollte, Charmian gehen zu sehen. Aber plötzlich stießen unsere Wirte einen erschrockenen, geheimnisvollen Ruf aus. »Oh, oh«, dachte ich, »jetzt ist der Traum aus!« Ich griff verzweifelt nach meinem Stuhl, entschlossen, eine handgreifliche Erinnerung an meinen Traum in die Wirklichkeit und auf die Snark mitzunehmen. Ich fühlte, wie der Traum arbeitete, um sich loszureißen. Aber im selben Augenblick wiederholte sich der geheimnisvolle, erschrockene Ausruf. Es klang wie »Reporter«, und jetzt sah ich drei von ihnen über den Rasen kommen. Ach, die gesegneten Reporter! Da war der Traum also doch ganz wirklich. Ich ließ den Blick über das sinkende Wasser schweifen und sah die Snark vor Anker liegen, und ich erinnerte mich, daß ich mit ihr von San Franzisko nach Hawaii gefahren war, daß dies der Perlenhafen war, und daß ich in eben diesem Augenblick den Reportern vorgestellt wurde und auf die erste Frage antwortete: »Ja, wir hatten die ganze Zeit herrliches Wetter.«

EIN KÖNIGLICHER SPORT

Das eben ist es – ein Sport für Könige im Reiche der Natur. Das Gras wächst bis hinab ans Wasser am Strand von Waikiki, es sind keine fünfzig Fuß zwischen ihm und dem ewigen Meer. Die Bäume wachsen auch ganz hinab bis zum salzigen Rand der Erde, und man sitzt im Schatten und sieht hinaus über das Meer, über eine majestätische Brandung, die, gerade zu unsern Füßen, mit Lärm und Poltern gegen die Küste schlägt. Eine halbe Meile weiter draußen, wo das Korallenriff liegt, werden die weißgegipfelten Brecher plötzlich aus dem friedlichen türkisblauen Meer gen Himmel geschleudert und rollen dann weiter an Land. Eine nach der andern kommen sie, eine ganze Meile lang und mit rauchenden Schaumgipfeln, diese weißen Bataillone, die zur endlosen Armee des Meeres gehören. Und man hört den ewigen Lärm und sieht die nie ruhende Prozession, man fühlt sich so winzig und gebrechlich gegenüber der gewaltigen Kraft, die den Ausdruck ihres Wesens in Raserei und Schaum und Lärm findet. Ja, man fühlt sich so mikroskopisch klein, daß der Gedanke, man sollte einen Kampf mit diesem Meer wagen, einen in der Phantasie fast ängstlich schaudern läßt. Sie sind eine ganze Meile lang, diese Ungeheuer mit ihren gewaltigen Rachen, und sie wiegen Tausende von Tonnen, und sie stürzen schneller als ein Mann laufen kann auf die Küste los.

Und plötzlich erscheint dort draußen ein Männerkopf über einer schwindelnd hohen, vorwärtsstürmenden Woge, ein Meeresgott taucht aus dem weißen, kochenden Schaum auf. Hastig hebt er sich aus all dem schaumigen Weiß. Seine schwarzen Schultern, seine Brust, seine Lenden, seine Beine – alles das steht plötzlich vor einem. Wo vor einem Augenblick nur die große Öde und ein ohrenbetäubender Lärm herrschten, steht jetzt ein Mann, aufrecht, daß die ganze Gestalt deutlich hervortritt, und kämpft weder mit dem weißen Wirbel noch wird er von den mächtigen Ungeheuern begraben, zurückgeschlagen und umhergeworfen, sondern hebt sich hoch über sie alle, ruhig und stolz, auf dem schwindelnden Gipfel ruhend, die Füße in dem wirbelnden Schaum, der ihm salzig die Knie umsprüht, während sich die ganze übrige Gestalt von der freien Luft und dem blinkenden Sonnenlicht abzeichnet, er fliegt durch die Luft, fliegt, fliegt so schnell wie das wirbelnde Schaumgesprüh, auf dem er steht. Es ist Merkur, ein brauner Merkur. Seine Fersen sind beschwingt, und die Schwingen besitzen die Blitzesschnelle des Meeres. Wahrlich, dem Meer ist er entsprungen auf dem Rücken des Meeres, und er reitet auf dem Meere, das brüllt und lärmt und ihn nicht abwerfen kann. Er ist unbeweglich wie eine Statue, die plötzlich wie durch ein Wunder dasteht, ausgehauen aus der Meerestiefe selbst, der er entstiegen ist. Und bis zur Küste fliegt er auf seinen beschwingten Füßen und auf dem weißen Wogenkamm der Sturzseen. Ein kochender Schaumwirbel, ein Lärm und Rauschen, bis die Sturzsee kraftlos ermattet auf dem Stand vor meinen Füßen sich beruhigt, und dort, gerade vor mir, steht ein Kanake, golden und braun von den brennenden Strahlen der Tropensonne. Er hat die Sturzsee mit ihrem mächtigen Rachen gezügelt und geritten, und sein Stolz auf die Leistung zeigt sich in der Haltung seines herrlichen Körpers.

Es ist schön und gut, hier in dem kühlen Schatten am Strand zu sitzen, aber man ist doch ein Mann, man gehört dem königlichen Geschlecht an, und was ein Kanake kann, das muß man doch wohl auch selber können. Hinaus mit dir! Wirf die Kleider ab, die dich in dieser schmelzenden Hitze nur beschweren. Hinaus mit dir und ringe mit dem Meer, beschwinge deine Fersen mit aller Fertigkeit und aller Macht, die in dir wohnt, zügle die Sturzseen des Meeres, mache sie dir untertan und reite auf ihrem Rücken, wie es sich für einen König ziemt.

So kam ich dazu, auf der Brandung zu reiten. Und jetzt, da ich auf ihr reite, halte ich es mehr als je für einen königlichen Sport. Aber laßt mich zuerst die physikalische Seite der Sache erklären. Eine Woge ist verpflanzte Unruhe. Das Wasser, das die Hauptmasse der Woge bildet, regt sich nicht. Täte es das, so würde an einer Stelle, wo man einen Stein in einen Teich wirft und sich immer weitere Kreise ausbreiten, ein immer größeres Loch mitten im Teiche entstehen. Nein, das Wasser, das die Hauptmasse einer Woge bildet, steht still. Man kann einen Teil der Meeresoberfläche verfolgen und wird dasselbe Wasser sich tausendmal heben und senken sehen, getrieben von der Unruhe, die sich von tausend Wogen, einer nach der andern, darauf verpflanzt. Diese verpflanzte Unruhe bewegt sich auf die Küste zu. Da der Meeresboden sich hebt, stößt der untere Teil einer Woge zuerst auf und wird festgehalten. Und wenn der Gipfel einer Woge sich weiter bewegt, während der untere Teil nicht mitkommen kann, muß notwendigerweise etwas geschehen. Der untere Teil der Woge bleibt, wo er ist, und der obere schießt einen Purzelbaum nach vorn und unten, er kräuselt und hebt sich und brüllt dabei.

Aber die Verwandlung aus einer schönen Wellenbewegung in eine Sturzsee geschieht nicht plötzlich, außer dort, wo sich der Meeresboden steil hebt. Gesetzt, daß der Meeresboden sich gleichmäßig auf einer Strecke von einer Viertelmeile bis zu einer Meile hebt, so wird sich die Verwandlung über eine entsprechende Strecke hinziehen. Solchen Meeresboden hat man vor Waikiki, und deshalb wird eine Brandung erzeugt, auf deren Gipfeln sich so wunderbar reiten läßt. Man springt auf eine Sturzsee, wenn sie zu brechen beginnt, und reitet auf ihr, während sie bis zur Küste schäumt.

Und jetzt kommen wir zur Hauptsache. Man schwimmt auf einem flachen, sechs Fuß langen, zwei Fuß breiten und einigermaßen ovalen Brett hinaus. Man legt sich flach darauf und rudert mit den Händen in das tiefe Wasser hinaus, wo die Wellen sich zu gipfeln beginnen. Dann liegt man dort ganz still auf dem Brett. See auf See brechen sich, vor, hinter, unter und über einem und hasten nach der Küste, während man selbst zurückbleibt. Wenn eine Woge sich gipfelt, wird sie steiler. Stellt euch nun vor, daß ihr auf dem Brett auf der steilen Schräge steht. Läge es fest, so würde man hinabgleiten, genau wie ein Knabe mit seinem Schlitten einen Hügel hinabgleitet. Aber – wird man einwenden – die Welle liegt doch nicht fest. Das ist sehr richtig, aber die Wassermasse, die die Welle bildet, steht still, und das ist das ganze Geheimnis. Wenn man anfängt, sich einen Wogenabhang hinabgleiten zu lassen, so wird man weitergleiten, ohne je den Grund zu erreichen. Nein, das ist nicht zum Lachen! Es ist möglich, daß der Wogenhang nur sechs Fuß lang ist, und doch kann man ihn eine viertel und eine halbe Meile lang hinabgleiten, ohne den Grund zu erreichen. Denn man erinnert sich: Da eine Woge nur verpflanzte Unruhe oder Bewegung ist, und da die Wassermasse, die die Woge ausmacht, jeden Augenblick wechselt, so hebt sich neues Wasser in der Woge ebenso schnell wie es weiterfließt. Man gleitet auf diesem neuen Wasser hinab und behält doch seine alte Stellung auf der Woge bei, und dann gleitet man auf dem beständig vorstürmenden neuen Wasser hinab, das sich hebt und die Woge bildet. Man gleitet genauso rasch wie die Woge. Macht sie fünfzehn Meilen in der Stunde, so gleitet man fünfzehn Meilen in der Stunde. Zwischen der Küste und einem selber liegt eine Wasserfläche von einer Viertelmeile. Wenn die Woge vorwärtsgleitet, geht dieses Wasser in ihr auf; das Gesetz der Schwere tut das übrige, und man gleitet die ganze lange Fläche hinab. Hat man, wenn man gleitet, beständig die Vorstellung, daß das Wasser sich mit einem bewegt, so braucht man nur die Arme hineinzustecken und zu versuchen zu rudern, um die Entdeckung zu machen, daß man verflucht schnell sein muß, um auch nur Gelegenheit zu einem einzigen Schwimmzug zu bekommen, denn das Wasser strömt von hinten ebenso schnell wie man selbst vorwärtsschießt.

Und jetzt zu einer neuen Phase des Brandungsreitens. Keine Regel ohne Ausnahme. Allerdings fließt das Wasser in einer Welle nicht vorwärts. Aber da ist etwas, das man den Vorwärtstrieb des Meeres nennen kann. Das Wasser in dem wankenden Wogengipfel will vorwärts, worüber man sich bald klar wird, wenn man darunter gerät und durch einen mächtigen Schlag, stöhnend und nach Luft schnappend, eine halbe Minute unter die Oberfläche gezwungen wird. Das Wasser des Wogengipfels ruht auf dem Unterteil der Woge. Wenn aber das Unterteil gegen den Meeresboden stößt, macht es halt, während der Gipfel weitergleitet. Er hat kein Unterteil mehr, das ihn oben hält. Wo zuvor eine Wassermasse unter ihm war, ist jetzt Luft, er fühlt zum erstenmal, wie das Gesetz der Schwere ihn packt, und er wird von seiner Unterlage, der er nicht mehr folgen kann, weggerissen und gleichzeitig vorwärtsgeschleudert. Man wird hochgehoben und wie von einer Titanenfaust nach der Küste geschleudert.

Ich verließ den kühlen Schatten der Bäume, zog meinen Badeanzug an und nahm mir ein Brett. Das Brett war zu klein, aber das wußte ich nicht, und keiner sagte es mir. Ich ging zu einigen kleinen Kanakenjungen, die sich im seichten Wasser tummelten, wo die Wellen klein und kraftlos waren – ein richtiger Kindergarten. Ich besah mir die kleinen Kanakenknaben. Wenn eine einigermaßen annehmbare Welle kam, warfen sie sich auf den Bauch und ritten auf der Welle bis zum Strande. Ich versuchte es ihnen nachzutun. Ich studierte sie, versuchte es genau wie sie zu machen, aber es mißlang vollkommen. Die Sturzsee schoß vorbei, aber ohne mich. Ich versuchte es immer wieder. Ich trat doppelt so toll wie sie, und es mißlang immer wieder. Es waren fünf oder sechs. Wir sprangen alle auf unsern Brettern vor eine richtige Sturzsee. Wir plätscherten mit den Beinen im Wasser wie das Rad eines Flußdampfers, und fort sausten die kleinen Bengel, während ich beschämt zurückblieb. Ich versuchte es eine ganze Stunde lang und konnte nicht eine einzige Welle dazu bringen, mich an Land zu schieben. Und dann kam einer meiner Freunde, Alexander Hume Ford, Globetrotter von Beruf und beständig auf der Jagd nach Sensationen. Und die hatte er in Waikiki gefunden. Auf dem Wege nach Australien war er hier vor einer Woche an Land gegangen, um zu sehen, ob das Reiten in der Brandung Spaß machte, und jetzt konnte er sich gar nicht mehr von diesem Sport losreißen.

»Weg mit dem Brett!« sagte er. »Werfen Sie es sofort weg. Sehen Sie, wie Sie darauf zu reiten versuchen! Wenn die Spitze des Brettes einmal den Grund trifft, wird Ihnen der Bauch aufgeschlitzt. Hier, nehmen Sie mein Brett! Das ist ein richtiges Männerbrett!«

Ford wußte Bescheid. Er zeigte mir, wie ich es machen sollte, um auf sein Brett zu kommen. Und dann wartete er, bis eine Sturzsee kam, gab mir gerade im rechten Augenblick einen Puff und stieß mich hinein. Oh, herrlicher Augenblick, als ich fühlte, wie die Sturzsee mich packte und vorwärtsschleuderte. Dahin schoß ich, hundertundfünfzig Fuß weit, und landete mit der Sturzsee auf dem Strande. Von diesem Augenblick an war ich verloren. Ich watete mit dem Brett zu Ford zurück. Es war ein großes, mehrzölliges Brett, das reichlich seine fünfundsiebzig Pfund wog. Er gab mir Ratschläge, viele Ratschläge. Er hatte keinen Lehrer gehabt, alles, was er sich mühsam in mehreren Wochen angeeignet hatte, teilte er mir im Laufe einer halben Stunde mit. Und dann konnte ich mich selbst in Gang setzen und reiten. Ich tat es immer wieder, und Ford ermunterte mich und erteilte mir gute Ratschläge. Zum Beispiel erzählte er mir, daß ich mich soundso weit nach vorn auf das Brett legen sollte und nicht weiter. Aber ich muß mich etwas weiter nach vorn gelegt haben, denn als ich damit an Land kam, steckte das verfluchte Brett die Spitze in den Grund, machte plötzlich halt und schlug einen Purzelbaum, wobei es gleichzeitig brutal jede Verbindung zwischen sich und mir abbrach. Ich wurde hochgeschleudert wie ein Holzspan und landete unter der vorstürmenden Sturzsee. Und es war mir ganz klar, daß ich mir, wenn Ford nicht gewesen wäre, den Bauch aufgeschlitzt hätte. Das ist das Risiko dabei, und es gehört eben mit zum Sport, wie Ford sagt. Vielleicht erlebt er es selbst, ehe er Waikiki verläßt, und dann ist seine Sensationslust sicher vorläufig befriedigt.

Alles in allem ist es mein unerschütterlicher Glaube, daß Mord schlimmer als Selbstmord ist, namentlich, wenn er einer Frau gilt. Ford bewahrte mich vor einem Mord. »Stellen Sie sich vor, daß Ihre Beine ein Ruder darstellen«, sagte er. »Halten Sie sie dicht zusammen und steuern Sie damit.« Ein paar Minuten später kam ich auf einem Wellengipfel angeschossen. Als ich mich der Küste näherte, tauchte eine Frau aus den Wogen auf. Sie stand mir gerade im Wege, bis an den Leib im Wasser. Wie sollte ich die Sturzsee anhalten, auf der ich ritt? Es sah aus, als sei die Frau dem Tode geweiht. Das Brett wog fünfundsiebzig Pfund. Ich hundertundfünfzig. Dieses Gewicht bewegte sich mit einer Schnelligkeit von fünfzehn Meilen die Stunde. Das Brett und ich bildeten ein Projektil. Ich überlasse es den Physikern, zu berechnen, mit welcher Kraft wir die arme schwache Frau getroffen haben würden. Da fiel mir mein Schutzengel, Ford, ein. »Steuern Sie mit den Beinen!« klang es mir durchs Hirn. Ich steuerte mit den Beinen, heftig und mit aller Kraft. Das Brett schoß mit der Breitseite hinunter. Es war so vieles, das auf einmal geschah. Die Welle gab mir im Vorbeischießen eine Ohrfeige, für eine Welle nur ein kleiner Klaps, aber ein Klaps, der stark genug war, mich vom Brett herunterzuschleudern und durch das vorstürmende Wasser bis auf den Grund zu schicken. Ich prallte gegen den Grund und schlug ein paar Purzelbäume, dann aber glückte es mir, den Kopf über Wasser zu bekommen, Atem zu schöpfen und wieder auf die Füße zu gelangen. Dort vor mir stand die Frau. Ich kam mir wie ein Held vor. Ich hatte ihr das Leben gerettet. Und sie lachte mich aus. Sie hatte nichts von der Gefahr geahnt, der sie ausgesetzt gewesen. Aber es war großartig, so mit den Beinen zu steuern. Als ich mich noch ein paar Minuten geübt hatte, konnte ich mich sogar auf meinem Wellengipfel halten, statt darunter zu geraten. »Morgen«, sagte Ford, »nehme ich Sie mit hinaus in das blaue Wasser.«

Ich sah über das Meer hinaus in die Richtung, die er mir wies, und sah die großen, schaumbedeckten Sturzseen, im Vergleich mit denen die Wellen, die ich bisher geritten hatte, ein Nichts waren. Ich weiß nicht, was ich gesagt haben würde, wenn ich mich nicht in diesem Augenblick daran erinnert hätte, daß auch ich dem königlichen Geschlecht angehörte. Deshalb sagte ich nur: »Schön, also morgen.«

Das Wasser, das an den Strand von Waikiki plätschert, ist genau dasselbe, das alle Hawaii-Inseln bespült, und in gewissem Sinne, namentlich vom Schwimmerstandpunkt aus, ist es ein herrliches Wasser. Es ist hinreichend kühl, um angenehm zu sein, und gleichzeitig warm genug, daß ein Schwimmer sich den ganzen Tag darin aufhalten kann, ohne sich zu erkälten. Im Schein der Sonne und der Sterne, mittags oder mitternachts, im Winter oder im Sommer, einerlei, immer hat es dieselbe Temperatur, nicht zu warm, nicht zu kalt, sondern gerade richtig. Es ist ein herrliches Wasser, salzig wie das ewige Weltmeer selbst, rein und kristallklar. Bei diesem Wasser ist es tatsächlich kein Wunder, daß die Kanaken als die besten Schwimmer der Welt gelten.

So kam es, daß ich mich, als Ford mich am nächsten Morgen abholte, in das herrliche Wasser stürzte. Rittlings auf unsern Brettern sitzend oder vielmehr flach auf dem Bauch liegend, arbeiteten wir uns durch den Kindergarten hinaus, wo die kleinen Kanakenknaben spielten. Bald waren wir im tiefen Meer, wo die großen Wogen mit Lärmen und Poltern gegen die Küste geschossen kamen. Schon der Kampf, die Begegnung mit ihnen und das Hinausrudern aufs Meer, über und durch sie hinweg, war an sich ein herrlicher Sport. Man mußte sich gut vorsehen, denn es war eine

Schlacht, in der auf der einen Seite mächtige Ohrfeigen ausgeteilt wurden und auf der andern Seite alle Geschicklichkeit aufgewandt werden mußte – ein Ringen zwischen roher Kraft und Intelligenz. Ich brauchte nicht lange, um es zu lernen. Wenn eine Woge sich über meinem Kopf kräuselte, konnte ich in einem kurzen Augenblick das Tageslicht durch die smaragdgrüne Masse hindurchsehen, und dann duckte ich mich und packte das Brett aus aller Kraft. Dann kam der Schlag, und für die Zuschauer an Land mußte es aussehen, als sei ich ganz verschwunden. Tatsächlich aber waren das Brett und ich nur durch den Wellengipfel hindurchgekommen und lagen ruhig auf der andern Seite. Ich empfehle diese heftigen Schläge keinem Invaliden oder schwächlichen Menschen. Es steckt eine gewaltige Kraft dahinter, und wenn das Wasser auf einen lostreibt, so ist es wie eine Lawine.

Draußen schloß sich uns ein Dritter namens Freeth an. Als ich aus einer Woge auftauchte und mir das Wasser aus den Augen schüttelte, während ich vorwärts guckte, um zu sehen, wie die nächste Woge sich ausnahm, sah ich ihn auf ihrer Spitze dahergeschossen kommen, und er stand aufrecht da, unbekümmert und sicher, ein junger Gott mit seiner von der Sonne gebräunten Haut. Ford rief ihn an. Er machte einen Luftsprung von seiner Woge fort, ruderte zu uns herüber und begann mit Ford sich meiner Erziehung anzunehmen. Namentlich eines lernte ich von Freeth, nämlich, wie ich den ungewöhnlich großen Wogen zu begegnen hatte, die sich hin und wieder an die Küste wälzten. Diese Wogen waren wirklich unheimlich, und es war nicht ratsam, ihnen zu begegnen, wenn man auf seinem Brett saß. Aber Freeth zeigte mir, wie es gemacht werden mußte, und jedesmal, wenn ich eine derartige

Woge sich auf uns zuwälzen sah, ließ ich mich über den hinteren Rand des Brettes hinabgleiten und tauchte unter, während ich die Arme über dem Kopf hob und mich an das Brett klammerte. War die Woge vorbei, so kletterte ich wieder auf das Brett und ruderte weiter.

Die Hauptsache, wenn man auf der Brandung reitet und mit ihr kämpft, ist, keinen Widerstand zu leisten. Man muß versuchen, dem Schlag, der gegen einen gerichtet ist, zu entgehen. Man muß in die Woge tauchen, die einem ins Gesicht zu schlagen versucht. Man muß mit den Füßen voran tief unter die Oberfläche sinken und die große Woge, die einen zu zerschmettern versucht, hoch über dem Kopf passieren lassen. Man muß die Muskeln erschlaffen lassen. Man muß sich den Wogen überlassen, die an einem reißen und zerren. Wenn die Unterströmung einen packt und am Meeresboden ins Meer hinausschleppt, muß man nicht gegen sie ankämpfen. Tut man das, so hat man alle Aussicht zu ertrinken, denn sie ist die Stärkere. Schwimmt man mit ihr und nicht gegen sie an, so wird man merken, daß der Druck nachläßt. Und gleichzeitig muß man aufwärts schwimmen. Dann wird man keine Schwierigkeit haben, wieder an die Oberfläche zu gelangen.

Der Mann, der lernen will, auf der Brandung zu reiten, muß ein tüchtiger Schwimmer und gewohnt sein, unter Wasser zu schwimmen. Kann er das, so sind einigermaßen gute Kräfte und gesunder Menschenverstand alles, was er braucht. Der Brandungsreiter ist ganz auf sich gestellt. Mag er auch mit noch so vielen Schwimmern hinausziehen, so kann er sich doch auf keinen von ihnen verlassen. Das eingebildete Sicherheitsgefühl, das die Anwesenheit Fords und Freeths mir gaben, ließ mich ganz vergessen, daß ich zum erstenmal in dem großen blauen Meer zwischen den gewaltigen Wogen schwamm. Aber ich wurde aus meinem Irrtum gerissen, und das ziemlich plötzlich, denn es kam eine große Woge, und die zwei Männer setzten sich obendrauf, und dahin ging es nach der Küste. Ich hätte ein dutzendmal ertrinken können, ehe sie wieder zu mir zurückkamen.

Man gleitet auf seinem Brett den Wogenhang hinab, aber zuerst muß man sehen, in Gang zu kommen, Brett und Reiter müssen ziemlich schnell nach der Küste schwimmen, denn die Woge holt sie ein. Wenn man eine Woge kommen sieht, auf der man reiten will, so kehrt man ihr den Rücken und rudert mit aller Kraft nach der Küste. Man muß dabei kraulen. Ist das Brett in Fahrt, so treibt die Woge es vorwärts, und das Brett beginnt die lange Strecke zu gleiten.

Nie vergesse ich die erste große Woge, die ich draußen im tiefen Wasser fing. Ich sah sie kommen, kehrte ihr den Rücken zu und ruderte, als gälte es das Leben. Was hinter mir geschah, konnte ich nicht sehen. Ich hörte, wie der Wogengipfel zu sieden und kochen begann, und dann wurde mein Brett gehoben und vorwärts geschleudert. Obwohl ich die Augen geöffnet hielt, konnte ich nichts sehen, denn ich war in dem weißen, brausenden Schaum der Woge begraben. Das einzige, dessen ich mir bewußt war, war ein seliges Entzücken, daß ich die Woge gefangen hatte. Als aber eine halbe Minute vergangen war, begann ich mich umzusehen und Luft zu schöpfen. Ich sah, daß drei Fuß vom Vorderende des Brettes aus dem Wasser herausragten und frei in der Luft schwebten. Ich schob mich vor und drückte das Brett hinab. Nun lag ich in vollkommener Ruhe inmitten all dieser lärmenden Bewegung und sah die Küste und die Badenden am Strand, die allmählich immer deutlicher wurden. Aber ich legte nicht die ganze Strecke auf der Woge zurück, denn in der Absicht, das Brett zu verhindern, auf den Grund zu gehen, setzte ich mich zurück, tat es aber zu weit und glitt den hinteren Hang der Woge hinab.

Es war der zweite Tag, daß ich in der Brandung war, und ich war ganz stolz. Ich blieb vier Stunden, und als es vorbei war, sagte ich mir, daß ich am nächsten Tag bis zur Küste kommen wollte – stehend. Aber der Weg zur Hölle ist mit guten Vorsätzen gepflastert. Am nächsten Tag lag ich im Bett. Ich war nicht krank, aber ich war sehr unglücklich und lag im Bett. Ich habe das wunderbare Wetter Hawaiis beschrieben, aber ich habe ganz vergessen, die wunderbare Sonne Hawaiis zu beschreiben. Zum erstenmal in meinem Leben war ich, mir selbst unbewußt, tüchtig von der Sonne verbrannt. Meine Arme, meine Schultern und mein Rücken waren früher oft verbrannt und abgehärtet gewesen, aber meine Beine nicht. Und vier Stunden lang hatte ich die empfindliche Rückseite meiner Beine der senkrechten Sonne Hawaiis ausgesetzt. Erst als ich an Land kam, merkte ich, daß die Sonne mich verbrannt hatte. Anfangs spürt man nur ein wenig Hitze, wo die Sonne einen verbrannt hat, hinterher aber wird die Hitze so stark, daß Blasen kommen. Und wo die Haut in Falten liegt, kann man die Glieder gar nicht beugen. Das ist der Grund, weshalb ich den ganzen Tag im Bett verbracht habe. Ich konnte nicht gehen. Und deshalb schreibe ich dies heute im Bett. Das ist leichter, als es zu unterlassen. Aber morgen, oh, morgen werde ich wieder draußen sein in dem wunderbaren Wasser, aufrecht auf meiner Woge stehend. Und wenn es morgen nicht geht, dann werde ich es übermorgen oder an einem anderen Tage tun. Zu einem bin ich fest entschlossen: Die Snark fährt nicht von Honolulu weg, ehe auch ich meine Füße so in der Gewalt habe, daß sie so schnell werden wie die Wogen des Meeres, und ehe ich zu einem sonnenverbrannten Merkur geworden bin.

DIE AUSSÄTZIGEN AUF MOLOKAI

Als die Snark auf dem Wege nach Honolulu auf Luv von Molokai entlangsegelte, sah ich auf die Karte und zeigte dann auf eine niedrige Halbinsel, hinter der ein ungeheurer, zwischen zwei- und viertausend Fuß hoher Felsen lag, und sagte: »Die reine Hölle! Der verfluchteste Ort auf Erden.« Ich würde es nicht geglaubt haben, daß ich einen Monat später selbst an diesem »verfluchten Ort« war und mich ganz unpassend mit achthundert Aussätzigen amüsierte, die sich auch glänzend amüsierten. Es war nicht unpassend, daß sie sich amüsierten, aber es war unpassend, daß ich es tat, denn es ziemte sich nicht, daß ich inmitten von so viel Elend Freude fand. Das Gefühl hatte ich jedenfalls, und meine einzige Entschuldigung ist, daß ich es nicht lassen konnte.

Zum Beispiel hatten sich alle Aussätzigen am Nachmittag des vierten Juli auf dem Sportplatz versammelt, um Wettrennen abzuhalten. Es war ein sehr interessantes Rennen, und die Zuschauer ergriffen kräftig Partei. Drei Pferde waren gemeldet, eins wurde von einem Chinesen, eins von einem Hawaiianer und eins von einem jungen Portugiesen geritten. Alle drei Reiter waren aussätzig, und dasselbe galt von den Richtern und der versammelten Menschenmenge. Die Reiter mußten zweimal um die Bahn herum. Der Chinese und der Hawaiianer waren gleichzeitig gestartet und ritten Seite an Seite, während der Portugiesenjunge zweihundert Fuß hinter ihnen lag und sich die größte Mühe gab, sie einzuholen. Sie ritten in derselben Reihenfolge um die Bahn; als sie aber die zweite und letzte Runde halb gemacht hatten, lag der Chinese infolge einer mächtigen Anstrengung eine Pferdelänge vor dem Hawaiianer. Gleichzeitig begann ihm der Portugiese langsam auf den Leib zu rücken. Aber es sah ganz hoffnungslos aus. Der Portugiese kam immer näher. Sie waren jetzt nahe am Ziel. Der Portugiese hatte den Hawaiianer überholt. Es ertönte ein mächtiges Klappern von Pferdehufen, ein Sausen von den drei Pferden, die jetzt in einem Klumpen liefen, und die Jockeis knallten mit den Peitschen, während die Zuschauer, Mann oder Frau, sich heiser heulten und schrien. Zoll für Zoll arbeitete sich der Portugiese an dem Chinesen vorbei und kam einen Pferdekopf vor ihm ein. Als sie an mir vorbeisausten, stand ich mitten in einer Schar von Aussätzigen. Die heulten und schwangen die Hüte und tanzten herum wie eine Herde von Teufeln. Und ich tat dasselbe. Als ich mich schließlich besann, schwang ich meinen Hut und murmelte in tiefster Begeisterung: »Wahrhaftig, der Junge gewinnt, der Junge gewinnt!«

Dann versuchte ich mich zu beherrschen. Ich versicherte mir, daß es unter den gegebenen Verhältnissen schändlich sei, so heiter zu sein. Aber das half nichts. Das nächste war ein Eselwettrennen, und damit begann der eigentliche Spaß. Der Esel, der zuletzt einkam, sollte Sieger in diesem Rennen sein, und was die Geschichte noch verwickelter machte, war, daß keiner der Reiter seinen eigenen Esel ritt. Einer ritt den Esel des andern, und das Ergebnis war, daß jeder sich bemühte, mit dem Esel, den er ritt, seinen eigenen Esel, der von einem andern geritten wurde, zu schlagen. Es lag in der Natur der Sache, daß nur die, welche sehr langsame oder ungeheuer eigensinnige Esel hatten, sich zu dem Rennen gemeldet hatten. Da war ein Esel, der dazu dressiert war, sich hinzulegen, sobald der Reiter seine Flanken mit den Fersen berührte. Einige von den Eseln wollten absolut kehrtmachen und wieder zurücktraben, andere hegten eine große Vorliebe für alles, was außerhalb der Bahn lag. Ein Esel, der ein halbes Mal um die Bahn gekommen war, geriet in Streit mit seinem Reiter. Als alle andern Esel das Stahldrahtnetz passiert hatten, war dieser Esel immer noch nicht weitergekommen. Er gewann den Preis, aber der Reiter verlor und mußte zu Fuß gehen. Und unterdessen amüsierten sich die beinahe tausend Aussätzigen königlich, lachten und lärmten.

Alles dies ist eine Art Einleitung zu einer Erklärung, daß die Schrecken von Molokai, wie sie früher geschildert worden sind, nicht existieren. Die Kolonie ist wiederholt von Sensationsschriftstellern beschrieben und in der Regel von solchen, die sie nie mit eigenen Augen gesehen haben. Natürlich, Aussatz ist Aussatz und etwas Schreckliches, aber es ist so viel Unheimliches über Molokai geschrieben worden, daß weder den Aussätzigen noch denen, die ihr Leben für sie opfern, Gerechtigkeit widerfahren ist. Ich will hier nur einen einzelnen Fall nennen. Ein Journalist, der nie auch nur in der Nähe der Kolonie gewesen war, beschrieb mit sehr starken Farben den Oberinspektor McVeigh, der in eine Grashütte kroch und jede Nacht von ausgehungerten Aussätzigen belagert wurde, die klagten und jammerten, um etwas zu essen zu bekommen. Nun, ich habe fünf Tage und Nächte in McVeighs Grashütte – die nebenbei ein sehr komfortables kleines Holzhaus ist, es gibt nicht eine einzige Grashütte in der Kolonie – gewohnt und die Klagehymnen der Aussätzigen gehört, nur daß sie besonders harmonisch und rhythmisch und von Saiteninstrumenten, sowohl Geigen wie Gitarren, Ukuleles und Banjos begleitet waren. Das Hornorchester der Aussätzigen klagte, zwei Gesangvereine klagten, zuletzt klagte ein Quintett von ganz vortrefflichen Stimmen.

Aussatz ist nicht so ansteckend, wie man geglaubt hat. Ich war eine ganze Woche in der Kolonie und habe meine Frau mitgenommen – was selbstverständlich nicht geschehen wäre, wenn wir gefürchtet hätten, uns die Krankheit zuzuziehen. Und wir trugen keine langen Stulpenhandschuhe und hielten uns auch nicht von den Aussätzigen fern. Im Gegenteil, wir verkehrten ganz ungeniert mit ihnen. Mir scheint, daß alles, was notwendig ist, einfach Reinlichkeit ist. Wenn die Nichtaussätzigen, wie die Ärzte und der Inspektor, nachdem sie mit Aussätzigen verkehrt und sie angerührt haben, in ihre eigenen Häuser zurückkommen, tun sie nichts, als sich Gesicht und Hände mit einer leicht antiseptischen Seife zu waschen und den Rock zu wechseln. Daß ein Aussätziger unrein ist, ist indessen ganz sicher, und nach dem wenigen, was man von der Krankheit weiß, müssen die Aussätzigen auch streng abgesondert werden. Andererseits sind der furchtbare Schrecken, womit man in früheren Tagen die Aussätzigen betrachtete, und die entsetzliche Behandlung, die ihnen zuteil wurde, unnötig und grausam gewesen. Um einigen der verbreitetsten falschen Vorstellungen vom Aussatz ein Ende zu machen, will ich etwas von dem Verhältnis zwischen Aussätzigen und Gesunden erzählen, wie ich es jetzt auf Molokai beobachtete. Am Morgen nach unserer Ankunft wohnten Charmian und ich einem Preisschießen im Kalaupapa-Schießklub bei, und bei dieser Gelegenheit erhielten wir den ersten Einblick in die von der Krankheit bedingten demokratischen Verhältnisse und die Art und Weise, wie man die Leiden der Angegriffenen lindert. Man wollte gerade mit dem Preisschießen beginnen, und die Prämie, ein Becher, war von McVeigh ausgesetzt, der auch Mitglied des Klubs ist, ebenso wie Dr. Goodhue und Dr. Hollmann, die Ärzte der Kolonie (die, nebenbei bemerkt, mit ihren Frauen in der Kolonie selbst leben). Aussätzige und Gesunde benutzten dieselben Büchsen und kamen andauernd auf dem beschränkten Raum in Berührung miteinander. Der größte Teil der Aussätzigen stammt aus Hawaii. Auf einer Bank neben mir saß ein Norweger. Gerade vor mir auf der Tribüne stand ein Amerikaner, ein Veteran aus dem Bürgerkrieg, der auf der Seite der Bundesstaaten gekämpft hatte. Er war fünfundsechzig Jahre alt, aber das hinderte ihn nicht, eine Menge Kreise zu schießen. An dem Preisschießen beteiligten sich ferner große, schwer gebaute, in Khaki gekleidete Polizisten aus Hawaii, auch Aussätzige, sowie Portugiesen, Chinesen und Kokuas – die eingeborenen Gehilfen der Kolonie, die nicht aussätzig sind. Und am Nachmittag, als Charmian und ich auf den zweitausend Fuß hohen Pali geklettert waren und zum letzten Male auf die Kolonie hinuntersahen, waren der Inspektor, die Ärzte und die ganze Mischung von Kranken und Gesunden aller möglichen Nationalitäten im vollen Gange bei einem prächtigen Baseballspiel.

Ganz anders als im Mittelalter behandelt man jetzt die

in hohem Maße mißverstandene, gefürchtete Krankheit. Damals wurde ein Aussätziger als in politischem und rechtlichem Sinne tot betrachtet. Er wurde wie in einem Leichenbegängnis in einer Prozession zu einer Kirche geführt, und dann las der diensttuende Geistliche das Begräbnisritual über ihn. Dann wurde eine Schaufel Erde auf seine Brust geworfen, und er war tot, lebendig tot. Aussatz war in Europa unbekannt, bis er von heimgekehrten Kreuzfahrern eingeschleppt wurde. Es war offenbar eine Krankheit, die man sich durch Berührung zuzog, und es war einleuchtend, daß sie durch Absonderung behoben werden konnte. So entsetzlich die Behandlung auch war, die in jenen Tagen den Aussätzigen zuteil wurde, so lehrte sie doch die Bedeutung der Isolierung. Und auf diese Art wurde der Aussatz in Europa ausgerottet.

Aber die Aussätzigenkolonie, die, vollkommen abgesondert, auf Molokai liegt, ist nicht der Schrecken, aus dem Sensationsjournalisten so oft Münze schlagen. Erstens wird der Aussätzige nicht schonungslos seiner Familie entrissen. Wenn man Symptome von Aussatz bei einem Mann entdeckt, so fordert die Gesundheitskommission ihn auf, sich nach dem Aufnahmeheim in Honolulu zu begeben. Seine Reise und alle Ausgaben werden ihm vergütet. Zuerst wird vom Bakteriologen der Gesundheitskommission eine mikroskopische Untersuchung vorgenommen. Gelangt diese Kommission zu dem Ergebnis, daß er aussätzig ist, so wird er nach Molokai geschickt. Der Patient hat während der ganzen Untersuchung das Recht, sich durch einen Arzt, den er selbst wählen kann, vertreten zu lassen. Und wenn ein Patient für aussätzig erklärt wird, so schickt man ihn auch nicht gleich nach Molokai. Er hat reichlich Zeit, mehrere Wochen, zuweilen sogar Monate, und die ganze Zeit wohnt er in Kalihi und ordnet seine Geschäfte. Auch in Molokai kann er den Besuch von Verwandten, Leuten, die seine Geschäfte besorgen usw. empfangen, aber sie dürfen in seinem Haus weder schlafen noch essen. Für Gäste gibt es dort mehrere Häuser, die beständig »rein« gehalten werden.

Die Kolonie auf Molokai liegt an der Windseite der Insel, wo der frische Passat vorbeistreift, und das Klima ist deshalb noch angenehmer als in Honolulu. Die Umgebung ist prachtvoll; auf der einen Seite das blaue Meer, auf der andern die wunderbare Mauer des Pali, die hie und da von schönen Gebirgstälern durchschnitten wird. Überall sind Weiden, wo Hunderte von Pferden, die den Aussätzigen gehören, frei herumlaufen. Manche haben eigene Wagen, sowohl Arbeits- wie Luxuswagen. In dem kleinen Hafen Kalaupapa liegen Fischerkutter und ein Dampfboot, alles Privatfahrzeuge, die Aussätzigen gehören. Sie dürfen selbstverständlich ein gewisses Gebiet nicht überschreiten, können aber sonst fahren, wohin sie wollen. Sie verkaufen ihre Fische an die Gesundheitskommission, und das Geld, das sie einnehmen, gehört ihnen. Während meiner Anwesenheit wurden in einer einzigen Nacht viertausend Pfund gefangen.

Und während einige fischen, betreiben andere Landwirtschaft. Ein Aussätziger, Vollbluthawaiianer, ist Malermeister. Ein anderer ist Zimmermann. Dann gibt es außer dem der Gesundheitskommission gehörenden Warenhaus noch andere Läden, die Privatleuten gehören, und wo die, welche Kaufmannsblut in den Adern haben, ihrer Neigung folgen können. Waiamau, der Assistent des Inspektors, ein hochgebildeter, sehr tüchtiger Mann, ist Vollbluthawaiianer und aussätzig. Bartlett, der augenblicklich das Warenhaus leitet, ist

Amerikaner und hatte das Geschäft in Honolulu betrieben, bis er von der Krankheit angegriffen wurde. Alles, was diese Männer verdienen, geht in ihre eigene Tasche. Arbeiten sie nicht, so sorgt das Territorium doch für sie. Die Gesundheitskommission betreibt Ackerbau, Viehzucht und Meierei für den öffentlichen Verbrauch, und alle, die arbeiten wollen, können zu einem sehr anständigen Lohn Arbeit erhalten. Für die Jungen und sehr Alten und Hilflosen gibt es Heime und Hospitäler.

In früherer Zeit, ehe der Leprabazillus entdeckt worden war, wurde eine kleinere Anzahl Männer und Frauen, die von verschiedenen Krankheiten angegriffen waren, welche nicht das geringste mit Aussatz zu tun hatten, für aussätzig erklärt und nach Molokai geschickt. Sie waren sehr entsetzt, als die Bakteriologen mehrere Jahre später erklärten, daß sie gar nicht aussätzig waren und nie Aussatz gehabt hatten. Sie wollten um keinen Preis Molokai verlassen, und es glückte ihnen denn auch, sich verschiedenerlei Beschäftigung in der Gesundheitskommission als Gehilfinnen und Krankenpflegerinnen zu verschaffen, so daß sie bleiben konnten. Der jetzige Gefängniswärter ist einer von ihnen.

Es gibt zur Zeit einen Stiefelputzer in Honolulu, einen amerikanischen Neger, von dem McVeigh mir erzählte. Vor langer Zeit, ehe man die bakteriologische Untersuchung kannte, wurde er als aussätzig nach Molokai geschickt. In seiner Eigenschaft als »Mündel des Staates« entwickelte er eine ungeheure Selbständigkeit und machte viele Schwierigkeiten. Und eines Tages, als er viele Jahre lang eine ewige Quelle kleiner Verdrießlichkeiten gewesen war, wurde er bakteriologisch untersucht und für gesund erklärt.

»Aha!« triumphierte McVeigh. »Jetzt habe ich dich! Fort mit dir mit dem nächsten Dampfer, Gott sei Dank, daß wir dich los sind!«

Aber der Neger wollte nicht fort. Er heiratete gleich eine alte Frau, die sehr stark von der Krankheit angegriffen war, und schrieb Gesuche an die Gesundheitskommission, um bleiben und seine kranke Frau pflegen zu dürfen. Er sagte sehr rührend, daß keiner seine arme alte Frau so gut pflegen könnte wie er. Aber man durchschaute ihn, und er wurde an Bord des Dampfers gebracht und nach Honolulu geschickt. Und wenn McVeigh jetzt nach Honolulu kommt, putzt der Neger ihm die Stiefel und sagt: »Hören Sie, Herr Inspektor, ich hatte aber doch eine schöne Heimat dort! Ja, eine schöne Heimat!«

Und dann senkt er die Stimme zu einem vertraulichen Flüstern und fügt hinzu: »Sagen Sie, Herr Inspektor, kann ich nicht wieder hinkommen? Können Sie nicht dafür sorgen, daß ich wieder hinkomme?«

Was die Furcht vor dem Aussatz betrifft, so sah ich nicht das geringste Anzeichen davon in der Kolonie, weder unter den Aussätzigen selber, noch unter den Gesunden. Angst vor Aussatz äußern namentlich die, welche einen Aussätzigen gesehen haben und sonst nichts von der Krankheit wissen. Aussatz ist etwas Entsetzliches, das kann man nicht bestreiten, aber nach dem wenigen, was ich von der Krankheit und ihrer Ansteckungsgefahr weiß, würde ich den Rest meiner Tage weit lieber in Molokai verbringen als in einem Tuberkulosensanatorium. In jedem städtischen Krankenhaus oder Armenhospital in den Vereinigten Staaten oder in ähnlichen Anstalten in andern Ländern kann man Dinge sehen, die mindestens so schrecklich sind wie das, was man auf Molokai sieht. Im übrigen würde ich, wenn ich die Wahl hätte, den Rest meines Lebens auf Molokai oder in den Armenvierteln von London, New York oder Chikago zu verbringen, ohne Bedenken Molokai wählen. Ich würde lieber ein Jahr auf Molokai statt fünf Jahre in diesen Schlammbergen menschlichen Elends leben.

Auf Molokai sind die Menschen glücklich. Ich werde nie den vierten Juli vergessen, den ich drüben erlebte. Von sechs Uhr morgens an waren die »Schrecken« in voller Tätigkeit, in phantastischen Kostümen ritten sie auf Pferden, Maultieren und Eseln (ihrem Privateigentum) herum und stellten die ganze Kolonie auf den Kopf. Zwei Blasorchester spielten. Da waren die Pa-u-Reiterinnen, dreißig bis vierzig, alle aus Hawaii und alle glänzende Reiterinnen, prachtvoll gekleidet in alte Nationalkostüme, und sie jagten in kleinen Gruppen, zu zweien, dreien oder mehreren umher. Am Nachmittag standen Charmian und ich auf der Richtertribüne und teilten Preise für Reiterkunststücke und Kostüme an die Pa-u-Reiterinnen aus. Rings umher standen die Aussätzigen und sahen mit Blumenkränzen um Stirn, Hals und Schultern zu und amüsierten sich köstlich. Auf dem Höhenrücken und den großen Grasebenen war ein ständiges Kommen und Gehen – kleine Gruppen von Männern und Frauen in bunten Trachten und galoppierende Pferde, und Reiter und Pferde waren mit Blumen und Girlanden geschmückt, und sie sangen und lachten und ritten mit dem Wind um die Wette.

Am Abend waren wir in einem der Versammlungshäuser der Aussätzigen, wo die Gesangvereine vor vollem Haus wetteiferten, und der Abend schloß mit einem Tanz. Ich habe gesehen, wie die Hawaiianer in den Armenvierteln von Honolulu leben, und nachdem ich das gesehen habe, verstehe ich gut, warum die Aussätzigen, die von der Kolonie weggeschickt werden, um einer neuen Untersuchung unterzogen zu werden, alle wie einer rufen: »Zurück nach Molokai.«

Eines ist sicher. Der Aussätzige, der in der Kolonie lebt, ist weit besser daran als der Aussätzige, der draußen in der Welt lebt und sich zu verbergen sucht. Ein solcher Aussätziger ist ein armer Ausgestoßener, der in beständiger Angst herumläuft, entdeckt zu werden, und der langsam, aber sicher verfault. Aussatz ist keine gleichmäßig wirkende Krankheit. Der Bazillus greift sein Opfer an, verheert seinen Körper und bleibt dann für unbestimmte Zeit untätig. Nach fünf, zehn oder vierzig Jahren bricht er vielleicht wieder aus, und der Patient kann sich unterdessen recht wohl befinden. Aber es ist selten, daß die Krankheit nach dem ersten heftigen Angriff von selber verschwindet. Dafür ist der tüchtige Arzt erforderlich, und der tüchtige Arzt kann nicht zu dem Aussätzigen, der sich verborgen hält, gerufen werden. Der Arzt kann durch eine Operation die Ausbreitung der Krankheit verhindern. Einen Monat nach der Operation wird der Aussätzige zu Pferde sitzen und Wettrennen mitmachen, in der Brandung schwimmen oder die steilen Bergeshänge hinanklettern können, um sich Bergäpfel zu holen. Und wie schon erwähnt, ist es möglich, daß der Bazillus fünf, zehn, ja vierzig Jahre untätig bleibt.

Aussatz ist so alt wie die Geschichte der Menschheit. Er wird in den ältesten niedergeschriebenen Berichten erwähnt. Und doch weiß man buchstäblich jetzt nicht mehr davon als damals. So viel wußte man schon damals, daß er sehr ansteckend war, und daß Menschen, die daran litten, abgesondert werden mußten. Der Unterschied zwischen damals und jetzt ist nur, daß der Aussätzige strenger abgesondert und humaner behandelt wird. Aber der Aussatz selbst ist und bleibt dasselbe entsetzliche, unergründliche Mysterium. Wenn man die Berichte von Ärzten und Spezialisten in allen Ländern liest, hat man ein lebhaftes Gefühl davon, wie außerordentlich schwer es ist, die Krankheit zu verstehen. Spezialisten wissen nichts. Früher verallgemeinerten sie einfach. Jetzt tun sie das nicht mehr. Der einzige allgemeine Schluß, den man aus allen vorgenommenen Untersuchungen ziehen kann, ist, daß Aussatz in schwachem Maße ansteckend ist. Aber auf welche Art und Weise er ansteckt, das weiß niemand. Die Ärzte haben den Leprabazillus gefunden. Sie können durch eine rein bakteriologische Untersuchung feststellen, ob Menschen aussätzig sind oder nicht; aber sie wissen heute ebensowenig, wie sie immer gewußt haben, wie der Bazillus auf Gesunde übertragen wird. Sie haben versucht, allen möglichen Tieren den Leprabazillus einzuimpfen, aber ergebnislos.

Es ist ihnen nicht möglich gewesen, ein Serum zu finden, mit dem sie die Krankheit bekämpfen können, und trotz all ihrer Arbeit haben sie noch nicht die leiseste Richtschnur gefunden. Ein Mann behandelt einen Aussätzigen mit einer bestimmten Art Öl oder Medizin, erzählt, er habe eine Kur gefunden, und fünf, zehn oder vierzig Jahre später bricht die Krankheit wieder aus. Dieser Umstand, daß der Keim des Aussatzes unbestimmte Zeit im menschlichen Körper schlummern kann, ist verantwortlich für die vielen Heilmittel, auf die man sich berufen hat. Aber so viel ist sicher: Bis heute hat es nicht einen einzigen Fall gegeben, dessen Heilung nachweisbar ist.

Aussatz ist schwach ansteckend, aber auf welche

Weise? Ein Arzt hat sich und seine Assistentin mit dem bacillus leprae geimpft, ohne zu erkranken. Aber das ist nicht entscheidend, denn andererseits kennt man den berühmten Fall des Mörders auf Hawaii, dem die Todesstrafe in lebenslängliches Gefängnis umgewandelt wurde unter der Bedingung, daß er sich mit dem bacillus leprae impfen lassen wollte. Einige Zeit später brach die Krankheit aus, und der Mann starb aussätzig auf Molokai. Aber auch das ist nicht entscheidend, denn man entdeckte, daß zu der Zeit, als er geimpft wurde, schon mehrere Mitglieder seiner Familie an der Krankheit litten und sich auf Molokai aufhielten.

Bis jetzt hat keiner Licht in das Mysterium des Aussatzes bringen können. Erst wenn man etwas mehr über die Krankheit weiß, kann man hoffen, sie zu heilen. Sobald man ein wirkungsvolles Serum entdeckt, wird der Aussatz schnell von der Welt verschwinden, weil er nur schwach ansteckend ist. Der Kampf gegen den Aussatz wird heftig und von kurzer Dauer sein. Wie soll man aber dieses Serum oder eine andere Waffe, an die noch niemand denkt, finden können? Im Augenblick ist es eine ernste Sache. Man berechnet, daß in Indien allein eine halbe Million nicht abgesonderter Aussätziger lebt. Das Carnegie-Institut, das Rockefeller-Institut und ähnliche Anstalten zum Besten der Menschheit können sehr gut sein, aber man muß doch daran denken, wie gut angebracht z. B. ein paar tausend Dollar für die Aussätzigenkolonie in Molokai wären. Die Menschen, die dort leben, sind Opfer von Schicksalslaunen, Sündenböcke eines geheimnisvollen Naturgesetzes, von dem die Menschen nichts wissen, sie sind abgesondert mit Rücksicht auf ihre Mitmenschen, damit die nicht von der furchtbaren

Krankheit angesteckt werden, wie sie selbst angesteckt wurden – keiner weiß wie. Nicht allein deswegen, auch um der kommenden Geschlechter willen, würden ein paar tausend Dollar gut angebracht sein zu einer gründlichen wissenschaftlichen Suche nach einem Heilmittel, das die Ärzte instand setzen würde, den bacillus leprae auszurotten. Hier haben Sie eine gute Verwendung für Ihr Geld, meine Herren Philanthropen!

DAS HAUS DER SONNE

Es gibt viele Menschen, die wie ruhelose Geister über die Erde wandern, um alle Wunder und Herrlichkeiten zu Wasser und zu Lande zu sehen. Diese Nomaden überschwemmen Europa in ganzen Heeren; man kann sie in großen Scharen in Florida und in Indien, bei den Pyramiden und auf den Hängen und Gipfeln der amerikanischen und kanadischen Rocky Mountains treffen; aber im Haus der Sonne sind sie ebenso selten wie lebende kriechende Dinosaurier. Haleakala nennen die Bewohner von Hawaii das »Haus der Sonne«. Es ist eine herrliche Wohnung, die auf der Insel Maui liegt; aber so selten sind die Touristen, die je hineingeguckt haben, daß man überhaupt nicht mit ihnen zu rechnen braucht. Und doch darf ich ruhig sagen, daß naturliebende Menschen in bezug auf Naturschönheit und -wunder zwar vielleicht Dinge finden können, die, wenn auch von anderer Art, ebenso großartig wie der Haleakala sind, aber nichts, das großartiger wäre. Honolulu liegt sechs Tagereisen von San Franzisko entfernt, Maui eine Nacht mit dem Dampfer von Honolulu, und wenn man nur wenig Zeit hat, kann man in weiteren sechs Stunden nach Kolikoli kommen, das zehntausendundzweiunddreißig Fuß über dem Meere, dicht am Eingangsportal zum Haus der Sonne liegt. Und doch kommen keine Touristen hin, und der Haleakala schlummert in seiner einsamen, ungesehenen Pracht.

Da wir auf der Snark keine Touristen waren, zogen wir nach dem Haleakala. Auf den Hängen des ungeheuren Berges liegt eine Viehranch von ungefähr fünfzigtausend Morgen, und dort verbrachten wir die Nacht in einer Höhe von zweitausend Fuß über dem Meere. Am nächsten Morgen hieß es, sich mit Stiefeln und Sätteln auszurüsten, und in Begleitung von Cowboys und Packpferden kletterten wir nach Ukulele, einem Berggut, das fünftausendfünfhundert Fuß über dem Meer liegt, was ein sehr gemäßigtes Klima bedeutet, das nachts wollene Decken und ein flammendes Feuer im Schlafraum bedingt. Ukulele ist, nebenbei bemerkt, ein hawaiisches Wort für »tanzende Flöhe« und wird auch auf ein bestimmtes Musikinstrument angewandt, das mit einer kleinen Gitarre zu vergleichen ist. Wir hatten keine Eile und verbrachten den Tag in Ukulele mit gelehrten Diskussionen über Höhenlagen und Barometer, und dann pflückten wir Berghimbeeren, so groß wie Hühnereier, und sahen über die mit Gras bewachsenen Lavahänge nach dem Gipfel des Haleakala, der viertausendfünfhundert Fuß über uns lag, und hinunter auf eine mächtige Schlacht, die zwischen den Wolken zu unsern Füßen ausgekämpft wurde, während wir selbst uns im strahlenden Sonnenschein befanden.

Jeden Tag wurde die ewige Schlacht fortgesetzt. Ukiukiu heißt der Passat, der aus Nordost weht und sich auf den Haleakala stürzt. Aber der Haleakala ist so hoch und schwer, daß er den Nordostpassat zurücktreibt, und auf der Leeseite des Haleakala weht überhaupt kein Passat. Hingegen weht dort der Wind in der dem Nordostpassat genau entgegengesetzten Richtung. Dieser Wind heißt Naulu, und Tag und Nacht, immer und ewig, kämpfen Ukiukiu und Naulu miteinander, und sie rücken hin und her, greifen sich in der Flanke an und wenden und drehen sich, und der Kampf wird sichtbar durch die Wolkenmassen, die sich losreißen und in Schwadronen, Bataillonen, Heeren und großen Gebirgsketten hin- und hertreiben.

Wenn die zwei kämpfenden Heere zusammenstoßen, entsteht zuweilen ein ungeheurer senkrechter Wirbel, und Wolkenmassen heben sich Tausende von Fuß hoch in die Luft, wo sie bis ins Unendliche in mächtigem Ringen kreisen. Der Ukiukiu hat den besonderen Trick, in niedriger schwerer Formation, dicht zusammengepreßt, den Boden entlang unter den Naulu zu kriechen. Wenn er unter dem Naulu ist, beginnt er um sich zu treten. Der Naulu weicht vor dem Schlag zurück und schiebt sich aufwärts, aber in der Regel schlägt er die angreifende Kolonne zurück, daß sie wie eine Mühle zu mahlen beginnt. Und unterdessen sausen die elenden kleinen Vorposten einsam und verlassen durch Bäume und Schluchten, kriechen über das Gras und überraschen einander mit unerwarteten Sprüngen und Angriffen, während hoch droben der Haleakala, ruhig und einsam, von den Strahlen der untergehenden Sonne beleuchtet, auf den Kampf herabsieht. Und dann kommt die Nacht. Aber am Morgen sammelt der Ukiukiu wieder seine Kräfte und treibt die Heerscharen des Naulu in wilder Verwirrung zurück. Und Tag für Tag, einen Tag wie den andern, kämpfen Ukiukiu und Naulu ihren ewigen Kampf um die Hänge des Haleakala.

Am Morgen gab es wieder Stiefel und Sättel, Cowboys und Paßpferde, und dann ging es hinauf zum Bergesgipfel. Ein Packpferd trug zwanzig Gallonen Wasser in großen Säcken, einen auf jeder Seite, denn Wasser ist kostbar und selten droben im Krater, und das, obgleich mehrere Meilen nördlich und östlich vom Kraterrand mehr Regen fällt als an jeder anderen Stelle der Erde. Aufwärts ging es über zahllose Lavaströme ohne Rücksicht auf Weg und Steg, und nie habe ich so sicher schreitende Pferde gesehen wie die dreizehn, die unsere Karawane bildeten. Sie kletterten oder ließen sich senkrechte Abhänge sicher und ruhig die Hänge hinabgleiten, und nicht ein Pferd stürzte oder bäumte sich.

Es ist eine wohlbekannte, merkwürdige Illusion, die alle, welche einsame Berggipfel erklimmen, kennen. Je höher man kommt, desto mehr sieht man von der Oberfläche der Erde, und die Folge ist, daß der Horizont aussieht, als läge er höher als der Beschauer. Diese Illusion macht sich besonders auf dem Haleakala geltend, denn der alte Vulkan erhebt sich ohne Ausläufer oder verbindende Bergketten direkt aus dem Meere. Die Folge war, daß, so schnell wir auch den düstern Hang des Haleakala hinaufklommen, der Haleakala, wir selbst und alles um uns her in das hinabsanken, was uns wie ein tiefer Abgrund erschien. Auf allen Seiten, hoch über uns, erhob sich der Horizont. Der Ozean neigte sich vom Horizont zu uns herab. Je höher wir kletterten, desto tiefer schienen wir zu sinken, desto höher leuchtete der Horizont über uns, und desto steiler ging es zu der Linie empor, wo Himmel und Meer sich trafen.

Und als wir dann schließlich den Gipfel des ungeheuren Berges erreichten, einen Gipfel, der wie der Boden eines umgekehrten Kegels inmitten einer klaffenden Weltentiefe war, machten wir die Entdeckung, daß wir uns weder auf dem Gipfel noch auf dem Boden befanden. Hoch über uns erhob sich der himmelanstürmende Horizont, und tief unten, wo der Gipfel des Berges hätte sein sollen, war eine noch tiefere Tiefe, der große Krater, das Haus der Sonne. Dreiundzwanzig Meilen maß dieser Krater mit seinen schwindelndhohen Mauern im Umkreis. Wir standen am Rande der fast senkrechten westlichen Mauer, und der Boden des Kraters lag ungefähr eine halbe Meile unter uns. Dieser Boden, der von Lavaströmen und Aschenkegeln unterbrochen war, leuchtete so gut und frisch und unberührt, als ob das Feuer erst am Tage zuvor erloschen wäre. Die Aschenkegel, von denen die kleinsten immerhin mehr als hundert und die größten über neunhundert Fuß hoch waren, sahen wie winzige Sandhügel aus, so gewaltig war das, was sie umrahmte.

Es war eine unendliche Traurigkeit, eine unendliche Öde, düster, beängstigend, und doch bezaubernd. Wir starrten auf einen Flecken, wo Feuer und Erdbeben hausten. Das Skelett der Erde lag vor unsern Blicken entblößt da. Es war die Werkstätte der Natur, die beständig von Brocken der Weltschöpfung erfüllt war. Hie und da hatten sich große Dämme vom Urfelsgrund aus den Eingeweiden der Erde durch die schmelzende, kochende Oberfläche heraufgearbeitet, es sah aus, als seien sie erst am Tag zuvor erstarrt. Das alles war so unwirklich und unglaubhaft. Wenn wir den Blick hoben, sahen wir hoch über uns – in Wirklichkeit unter uns – Ukiukiu und Naulu ihre ewigen Wolkenkämpfe auskämpfen. Und höher in diesem scheinbar bodenlosen Schlund, über den Wolkenbänken, zwischen Luft und Himmel, schwebten die Inseln Lanai und Molokai. Jenseits des Kraters im Südosten, scheinbar immer aufwärtssteigend, sahen wir zuerst das türkisfarbene Meer und dahinter die Küste von Hawaii mit ihrer weißen Brandung; über dem Gürtel der Passatwolken, achtzig Meilen entfernt, zeichneten sich wie gewaltige Kolosse, die sich von dem azurblauen Himmel abhoben, mit schneebekleideten Zinnen und von Wolken umwogt, wie eine Fata Morgana zitternd die Gipfel des Mauna Kea und des Mauna Loa frei schwebend von der Himmelsmauer ab.

Vor langer Zeit wohnte einst, so erzählt man, Maui, der Sohn Hinas, an der Stelle, die jetzt West-Maui heißt. Seine Mutter Hina verwandte ihre Zeit darauf, Kapas zu machen. Sie muß sie nachts verfertigt haben, denn am Tage hatte sie genug damit zu tun, sie zu trocknen. Jeden Morgen und den ganzen Vormittag hatte sie damit zu tun, die Kapas in der Sonne auszubreiten. Aber kaum war sie damit fertig, so nahm sie sie auch schon wieder herein, um sie zur Nacht im Hause zu haben. Denn ihr müßt euch erinnern, daß die Tage damals kürzer waren als jetzt. Maui sah das fruchtlose Bemühen seiner Mutter, und sie tat ihm leid. Er entschloß sich, etwas zu tun – o nein, er half ihr nicht, die Kapas hinauszuhängen und wieder hereinzunehmen. Dazu war er viel zu schlau. Sein Plan war, die Sonne dazu zu bekommen, daß sie langsamer ging. Vielleicht war er der erste Astronom Hawaiis. Auf jeden Fall machte er eine ganze Reihe Sonnenbeobachtungen von verschiedenen Punkten der Insel aus. Er kam zu dem Ergebnis, daß die Bahn der Sonne gerade über den Haleakala hinwegging. Im Gegensatz zu Josua brauchte er keine göttliche Hilfe. Er sammelte einen mächtigen Haufen Kokosnüsse, und aus ihren Fasern flocht er einen starken Strick mit einer Schlinge an einem Ende, wie die Cowboys auf dem Haleakala es heute noch tun. Dann kletterte er zum Haus der Sonne empor und legte sich auf die Lauer. Als die Sonne nun ihre Bahn zog, entschlossen, die Strecke so schnell wie möglich zurückzulegen, warf der tüchtige Bursche seine Schlinge um einen der größten und stärksten Strahlen der Sonne. Er zwang die Sonne, ihre Schnelligkeit zu vermindern und brach den Strahl mitten durch. Und er warf seine Schlinge weiter und zerbrach Sonnenstrahlen, bis die Sonne sagte, daß sie Vernunft annehmen wollte. Jetzt stellte Maui seine Friedensbedingungen, auf die die Sonne einging, und sie versprach, in Zukunft langsamer zu gehen. Worauf Hina reichlich Zeit bekam, ihre Kapas zu trocknen, und die Tage länger sind, als sie früher gewesen, und das stimmt vollkommen mit dem überein, was die moderne Astronomie lehrt.

Wir aßen unser aus Salzfleisch und hartem Poi bestehendes Frühstück innerhalb einer steinernen Einfriedung, die in alten Tagen dazu benutzt worden war, des Nachts Vieh einzuschließen, wenn es über die Insel getrieben wurde. Dann gingen wir ein Stück am Kraterrand entlang und begannen hierauf den Abstieg. Zweitausendfünfhundert Fuß unter uns lag der Boden, wir mußten einen steilen Hang aus losem vulkanischem Staub hinab, und die Pferde, die bisher so sicher geschritten waren, glitten und rutschten, ohne jedoch zu straucheln. Wenn die Pferdehufe durch die Oberfläche brachen, wurde die Masse zu Wolken gelben Staubes, die sehr giftig aussahen und bitter schmeckten. Dann galoppierten wir über eine Ebene, und dann setzten wir den Abstieg fort, während Wolken von Vulkanstaub um uns stoben und wir uns zwischen ziegelroten, rosa und tiefvioletten, fast schwarz wirkenden Aschenkegeln bewegten. Wir arbeiteten uns über unzählige Lavaströme hinweg und drehten und wanden uns durch die diamantharten Wogen eines versteinerten Meeres hindurch. Zackige Lavawellen hoben sich überall aus dieser seltsamen Meeresfläche, und zu beiden Seiten befanden sich zerrissene Zinnen und Löcher von phantastischsten Formen. Auf einer Strecke von über sieben Meilen ging unser Weg über eine bodenlose Tiefe und über die letzte mächtige Lavaflut.

Ganz unten im Krater lag unser Zeltplatz, ein kleiner Hain mit Olapa- und Koleabäumen, in einer Ecke des Kraters am Fuß von Wänden versteckt, die sich senkrecht zu einer Höhe von fünfzehnhundert Fuß erhoben. Hier gab es Gras für die Pferde, aber kein Wasser, und wir bogen ab und arbeiteten uns über die Lava hinweg, bis wir an ein Wasserloch in einem Spalt des Kraters gelangten. Das Wasserloch war leer. Da kletterten wir durch den Spalt hinauf, und fünfzig Fuß weiter oben fanden wir ein Wasserloch mit einem halben Dutzend Tonnen Wasser. Ein Eimer wurde geholt, und bald rieselte ein Strom der kostbaren Flüssigkeit über den Felsen und füllte das untere Wasserloch. Und dann ging es zurück nach dem Felsblock am Fuße der Lavawand, auf deren Hang große Scharen wilder Ziegen meckernd kletterten, und das Zelt wurde errichtet, während die Luft von Büchsenschüssen widerhallte. Salzfleisch, harter Poi und gekochte Ziege, so lautete das Menü. Im Mondlicht kam das Kratervieh, vom Lagerfeuer angezogen, herbei, um uns zu betrachten und zum Kampf herauszufordern. Es war drall und rund, obwohl es selten Wasser bekam, sondern sich mit dem Morgentau auf dem Grase begnügen mußte. Dieser Tau war es, der in uns den Wunsch erweckte, uns in das Zelt zurückzuziehen, und wir schliefen ein zum Klange der ewigen »Hulas – Hulas«, die die unermüdlichen Cowboys, welche sicher das Blut des tapferen Maui in den Adern hatten, sangen.

Die Kamera kann dem Haus der Sonne keine Gerechtigkeit angedeihen lassen. Die fabelhafte Technik der Fotografie lügt nicht, aber sie erzählt auf keinen Fall die volle Wahrheit. Der Koolau-Krater ist selbstverständlich wiederzugeben, aber von den riesigen Dimensionen erhält man keinen Eindruck. Die Aschenkegel und Aschenhaufen, die auf der Fotografie breiig und farblos wirken, erstrahlen in Wirklichkeit in den prachtvollsten Farben, Ziegelrot, Terrakotta, Rosa, Ockergelb und in tiefstem Violett. Auch Worte sind schwach und können einen fast zur Verzweiflung bringen. Wenn man sagt, daß eine Kraterwand zweitausend Fuß hoch ist, so sagt man eben, daß sie zweitausend Fuß hoch ist, aber zu einer Kraterwand ist wahrlich viel mehr zu bemerken als die bloßen Zahlen. Der Haleakala hat der Menschheit sein Evangelium zu verkünden, ein Evangelium der Schönheit und Herrlichkeit, und das kann nicht aus zweiter Hand verkündet werden.

Wir arbeiteten uns die Kratermauer hinan, ließen die Pferde die unmöglichsten Stellen betreten, rollten Steine hinab und schossen wilde Ziegen. Das Hinabrollen der Steine machte mir vielen Spaß. Ich erinnere mich namentlich an einen, der so groß wie ein Pferd war. Er begann sehr friedlich, rollte herum, taumelte und drohte sich wieder festzulegen; aber ein paar Minuten später sauste er in gewaltigen Sprüngen von zweihundert Fuß Länge durch die Luft. Er wurde schnell kleiner, bis er schließlich einen sanften, mit Vulkanstaub bedeckten Hang erreichte; darüber hüpfte er wie ein erschrockener Hase hinweg, und hinter ihm stand eine winzige Wolke aus gelbem Staub, die er aufgewirbelt hatte. Stein und Staub wurden immer kleiner, bis einer sagte, daß der Stein jetzt still läge. Der Betreffende konnte ihn nicht mehr sehen. Er war seinem Blick entschwunden, von der Entfernung verschlungen. Andere sahen ihn weiterrollen – ich weiß jedenfalls, daß ich es tat, und es ist meine Überzeugung, daß der Stein immer noch rollt.

Am letzten Tag, den wir im Krater verbrachten, gab der Ukiukiu uns eine Probe seiner tatsächlichen Kraft. Er trieb den Naulu mit seinem ganzen Heer zurück, erfüllte das Haus der Sonne mit so vielen Wolken, daß sie fast keinen Platz hatten, und stürzte Wasser auf uns herab. Unser Regenmesser war ein Halblitermaß unter einem winzigen Loch im Zelt. An diesem Tag stürmte und regnete es, so daß das Maß sich schnell füllte, und wir hatten keine Möglichkeit mehr, das Wasser zu messen. Wir brachen deshalb in der grauen, regenschweren Dämmerung von unserem Zeltplatz auf, um über die Lava nach dem Kaupoloch westwärts zu ziehen.

Ost-Maui ist weder weniger noch mehr als der ungeheure Lavastrom, der vor langer Zeit durch das Kaupoloch herausfloß, und auf diesem Lavastrom zogen wir jetzt von einer Höhe von sechstausendfünfhundert Fuß nach dem Meer hinab. Es war eine Tagesarbeit für die Pferde. Aber nie habe ich solche Pferde gesehen. Zuverlässig an schwierigen Stellen, ohne je zu drängen oder den Kopf zu verlieren, begannen sie doch zu laufen, sobald sie an eine Stelle gelangten, die breit oder eben genug war. Dann konnte man sie erst anhalten, wenn der Weg wieder schlecht wurde und sie von selber stehenblieben. Tagein und tagaus, viele Tage lang, hatten sie die schwerste Arbeit geleistet und den größten Teil der Zeit von Gras gelebt, das sie sich selbst des Nachts suchten, während wir schliefen, und doch legten sie an diesem Tage eine Strecke von achtundzwanzig Meilen auf einem völlig hoffnungslosen Weg zurück und galoppierten sogar wie eine Schar junger Füllen in Hana ein. Ja, und dabei waren mehrere von ihnen in dem trockenen Gebiet auf der Leeseite des Haleakala aufgezogen und hatten nie in ihrem Leben Eisen an den Hufen gehabt. Tag für Tag gingen sie von morgens bis abends unbeschlagen mit der schweren Last des Reiters über die scharfe Lava.

Die Landschaft zwischen Vieiras (wo der Kaupo ins Meer fließt) und Hana, eine Entfernung, die wir in einem halben Tage zurücklegten, hätte wahrlich gelohnt, daß man ihr eine Woche oder einen Monat geopfert hätte, aber so schön sie in all ihrer Wildheit ist, wirkt sie doch blaß und farblos im Vergleich mit dem Wunderland auf der andern Seite der Gummiplantage zwischen Hana und der Honomanu-Felsschlucht. Wir brauchten zwei Tage für diesen herrlichen Ritt an der Windseite des Haleakala. Die Eingeborenen nennen es Grabenland, ein nicht gerade verlockender Name. Nie kommen andere Menschen dorthin, und niemand weiß etwas davon. Mit Ausnahme von einer Handvoll Männer, welche Geschäfte dorthin geführt haben, hat niemand je von dem Grabenland von Maui gehört. Seht, ein Graben ist ein Graben, und in der Regel läuft er durch uninteressante und wenig abwechslungsreiche Gebiete. Aber der Nahikugraben ist kein gewöhnlicher Graben. Auf der Windseite des

Haleakala wimmelt es von steilen Felsklüften, und durch sie brausen ebenso viele Gebirgsströme, und jeder Gebirgsstrom hat Dutzende größerer oder kleinerer Wasserfälle aufzuweisen, ehe er das Meer erreicht. Es fällt hier mehr Regen als sonst irgendwo auf der Welt. Im Jahre 1904 betrugen die Niederschläge vierhundertzwanzig Zoll. Wasser bedeutet hier Zucker, und mit Zucker steht und fällt das ganze Territorium von Hawaii – und daher der Nahikugraben, der kein Graben ist, sondern aus einem ganzen System zusammenhängender Kanäle besteht. Das Wasser fließt unterirdisch und kommt nur hin und wieder zum Vorschein, um hoch in der Luft durch schwindelnde Rohrleitungen über eine Felsschlucht geführt zu werden, bis es auf der anderen Seite wieder festen Boden erreicht. Dieses prachtvolle Kanalnetz wird Graben genannt – aber mit genau demselben Recht könnte man das Staatsschiff Kleopatras einen Leichter nennen.

Es gibt keinen Fahrweg im Grabenland, und ehe der Graben angelegt oder vielmehr gebohrt wurde, gab es auch keinen Reitweg. Mehrere hundert Zoll Regen jährlich, fruchtbarer Boden und Tropensonne bedeuten einen dampfenden, urwaldartigen Pflanzenwuchs. Ein Fußgänger könnte eine Meile täglich vorwärtskommen, wenn er sich seinen Weg mit der Axt bahnen wollte, aber vor Ablauf einer Woche würde er ein völliges Wrack sein und müßte schleunigst umkehren, wenn er hinausgelangen wollte, ehe die Vegetation den Weg, den er sich gehauen hat, wieder überwucherte. O'Shaugnessy hieß der kühne Ingenieur, der die Dschungel und die Felsklüfte besiegte und den Graben und den Reitweg anlegte. Er baute und baute den Zement- und Mauerberg und eine der eigentümlichsten Bewässerungsanlagen der Welt. Alle Bäche und Was-

seradern werden gesammelt und durch unterirdische Kanäle in den Großen Graben geleitet.
Der Reitweg ist nicht sehr breit. Ebenso wie der Ingenieur, der ihn anlegte, fürchtete er nichts. Wo der Graben sich durch den Berg bohrt, klettert er hinüber; und wo der Graben in einer Rohrleitung über eine Kluft springt, folgt er dem Graben und balanciert oben auf der Leitung. Der verwegene Reitpfad fürchtet sich nicht im geringsten, steile Hänge auf und nieder zu wandern. Klein und schmal frißt er sich durch die Felswand und umkriecht Wasserfälle oder läuft unter ihnen hindurch, die in ihrer schaumweißen Raserei herniederkrachen, während sich die Felswand mehrere hundert Fuß über ihn erhebt und ganze tausend Fuß abfällt. Und die wunderbaren Bergpferde sind ebenso unerschrocken wie der Weg. Sie bewegen sich auf ihm in gleichmäßigem Zotteltrab, als sei es das Natürlichste von der Welt, obwohl die Erde vom Regen so glatt ist, daß sie kaum festen Fuß fassen können, und wenn man es ihnen nur erlaubte, würden sie davongaloppieren, daß die Hinterbeine über den Rand des Felsens schwebten. Nur Menschen mit starken Nerven und klaren Köpfen können sich mit diesem Reitweg über den Nahikugraben einlassen. Einer von unsern Cowboys war als der Stärkste und Mutigste aller Leute auf der großen Ranch bekannt. Er hatte sein ganzes Leben lang Bergpferde auf den unebenen westlichen Hängen des Haleakala geritten. Aber er war noch nie über den Nahikugraben geritten, und dort sollte er seinen Ruhm einbüßen. Als er vor der ersten Wasserleitung stand, die, ganz schmal und ohne Geländer, über eine haarsträubende Felsschlucht führte, während ein Wasserfall über ihm und ein anderer unter ihm brüllte und die großen Wassermassen die Luft mit Schaum erfüll-

ten und die Erde unter dem wilden Lärm der rauschenden, vorwärtsstürmenden Bewegung bebte, nun ja, da stieg dieser Cowboy ab, erklärte kurz und bündig, daß er Frau und zwei Kinder hätte, und ging zu Fuß, sein Pferd am Zügel führend, hinüber.

Ja, das war ein Ritt! Überall waren Kaskaden von Wasser. Wir ritten über den Wolken, unter den Wolken und durch die Wolken hindurch, und jeden Augenblick fiel, wie die Strahlen eines Scheinwerfers, ein breiter Sonnenstreif über den klaffenden Schlund unter uns oder erleuchtete eine von den Zinnen des Kraterrandes, tausend Fuß über uns. Bei jeder Wegbiegung standen wir plötzlich vor einem Wasserfall oder einem Dutzend Wasserfälle, die mehrere hundert Fuß tief durch die Luft sausten. Bei unserm ersten Zeltplatz in der Keanaeschlucht zählten wir von einem einzigen Punkt aus dreiunddreißig Wasserfälle. Eine irrsinnig üppige Vegetation herrschte auch in dem wilden Lande. Hier gab es Wälder von Koa, Kolea und Kokospalmen – und dazu gab es die Bäume, die Ohia-ai genannt werden, und die rote, mürbe, saftige und herrlich schmeckende rote Bergäpfel tragen. Wilde Bananen wuchsen überall, sie klammerten sich an die Wände der Bergschlucht oder versperrten uns den Weg, niedergezogen durch gewaltige Trauben reifer Früchte. Und über dem Wald wogte ein Meer von lebendigem Grün, Schlingpflanzen aller Arten, einige, die fein und leicht wie Spitzen von den höchsten Zweigen hin und her flatterten, andere, die sich wie gewaltige Schlangen um Baumstämme wanden, und die Ei-ei, die wie eine Schlingpalme aussah, sich von einem dicken Stengel von Zweig zu Zweig und von Baum zu Baum schwang und die Stütze, die sie benutzte, um emporzugelangen, erwürgte. Und überall in diesem

Meer aus Grün erhoben sich die Baumfarne mit ihren großen, feinen Laubkronen, und die Lehua entfaltete ihre prangenden scharlachroten Blüten. Unter den Schlingpflanzen herrschte eine ähnliche Verschwendung von allen möglichen warmen Farben und sonderbaren Zeichnungen, die man in den Vereinigten Staaten nur als kostbare Schätze in Treibhäusern sieht. Ja, das ganze Mauigrabenland ist nicht mehr und nicht weniger als ein riesiges Treibhaus. Dort wachsen jeder bekannte Farn und mehrere Arten, die nicht bekannt sind, von dem winzigsten Venushaar bis zu den groben Hirschgeweihfarnen, die sich verflechten, bis sie zu einer einzigen verfilzten Masse werden, die sechs bis sieben Fuß dick sein und große Strecken bedecken kann.

Nie habe ich einen solchen Ritt erlebt. Er dauerte zwei Tage, und dann kamen wir zu einem wellenförmigen Terrain, und auf einem richtigen Fahrweg ritten wir im Galopp nach dem Hof zurück. Ich weiß, daß es schlecht war, die Pferde nach einem so langen beschwerlichen Ritt laufen zu lassen, aber wir bekamen direkt Blasen an den Händen von unserm fruchtlosen Versuch, sie zurückzuhalten. So sind die Pferde, die bei Haleakala gezüchtet werden. Auf der Ranch war ein großes Fest: Man trieb Vieh ein, zeichnete es und ritt Pferde zu. Und über unsern Köpfen kämpften Ukiukiu und Naulu heftig miteinander, und hoch über uns im Sonnenschein erhob sich der mächtige Gipfel des Haleakala.

ÜBER DEN STILLEN OZEAN

Von den Sandwichinseln nach Tahiti. – Diese Reise quer durch die Passatwinde ist mit großen Schwierigkeiten verknüpft. Walfänger und alle andern Seeleute zweifeln, ob man Tahiti überhaupt von den Sandwichinseln aus erreichen kann. Kapitän Bruce sagt, daß ein Schiff nordwärts halten muß, bis es halben Wind hat, ehe es auf seinen Bestimmungsort zuhält. Auf seiner Reise zwischen den zwei Inseln im November 1837 hatte er in der Nähe des Äquators keine veränderlichen Winde, und es gelang ihm nicht, ostwärts zu kommen, obwohl er es mit allen erdenklichen Mitteln versuchte.«

So lautet die Fahrwasserbeschreibung des südlichen Stillen Ozeans, und das ist alles, was darüber zu finden ist. Nicht ein Wort mehr steht dort, um den müden Reisenden zu helfen, diese weite Strecke zurückzulegen – und auch nicht ein einziges Wort über die Fahrt von Hawaii nach den Marquesas, die ungefähr achthundert Meilen nordöstlich von Tahiti liegen, was bedeutet, daß man um so vieles mehr zu kreuzen hat. Ursache dieser mangelhaften Beschreibung ist wohl, daß man keinem Reisenden zutraut, sich auf eine solche Reise einzulassen. Aber das Unmögliche schreckte die Snark nicht ab – namentlich wohl deshalb, weil wir diesen kleinen Abschnitt der Fahrwasserbeschreibung erst lasen, als wir längst unterwegs waren.

Wir fuhren von Hilo, Hawaii, am 7. Oktober ab und kamen in Nuka-Hiva auf den Marquesas am 6. Dezember an. Es war eine Entfernung von zweitausend Meilen in der Luftlinie, tatsächlich mußten wir aber mindestens viertausend Meilen zurücklegen, um unser Ziel zu erreichen, und so wurde uns denn ein für allemal bewiesen, daß die kürzeste Entfernung zwischen zwei Punkten nicht immer die gerade Linie ist.

Zu einem waren wir entschlossen: Wir wollten den Äquator nicht westlich vom hundertdreißigsten Grad westlicher Länge passieren. Das war nämlich das Problem. Passierten wir den Äquator westlich von diesem Punkt, so trieben wir, wenn der Passat südlich wehte, so weit ab, daß es uns fast unmöglich wurde, uns zu den Marquesas hinzukreuzen. Ferner mußten wir an die Äquatorialströmung denken, die mit einer Geschwindigkeit von zwölf bis fünfundsiebzig Meilen täglich westwärts treibt. Da wir aber den Südostpassat fünf oder sechs Grad nördlich vom Äquator zu erwarten hatten, mußten wir nach Osten, nördlich vom Äquator und nördlich vom Südostpassat halten, bis wir wenigstens den 128. Grad westlicher Länge erreichten.

Ich habe zu erzählen vergessen, daß der siebzigpferdige Benzinmotor wie gewöhnlich in Unordnung war und wir ganz auf den Wind angewiesen waren. Die Maschine der Barkasse arbeitete auch nicht. Und da ich gerade mal dabei bin, kann ich auch ebenso gern zugeben, daß die fünfpferdige Maschine, die für das elektrische Licht sowie für die Ventilatoren und Pumpen zu sorgen hatte, auch krank gemeldet war.

Auf dem Papier sah es so einfach aus. Hier war Hilo, und dort war unser Ziel auf dem 128. Grad westlicher Länge. Mit dem Nordostpassat konnten wir in gerader Linie zwischen den beiden Punkten segeln und dabei sogar noch die Schoten ein ganz Teil nachlassen. Aber eine der größten Schwierigkeiten am Passat ist, daß man nie genau weiß, wo man in ihn hineingelangen und in welcher Richtung er wehen wird. Wir erwischten den Nordostpassat, gleich vor dem Hafen von Hilo, aber der elende Wind war unberechenbar. Dazu kam die nördliche Äquatorialströmung, die wie ein gewaltiger Fluß nach Westen treibt. Selbstverständlich ging es nicht direkt nach Süden, aber es war zum Verzweifeln, wie langsam wir nach Osten krochen. Im Laufe einer Woche hatten wir uns hundertundfünfzehn Meilen ostwärts gearbeitet, was sechzehn Meilen täglich entsprach. Aber zwischen der Länge von Hilo und dem 128. Grad westlicher Länge sind es siebenundzwanzig Grad oder rund sechzehnhundert Meilen. Bei sechzehn Meilen täglich dauerte es hundert Tage, bis wir diese Strecke zurückgelegt hatten. Und selbst dann befanden wir uns erst auf dem 128. Grad westlicher Länge und fünf Grad nördlicher Breite, während Nuka-hiva auf den Marquesas neun Grad südlicher Breite und zwölf Grad westlich lag.

Uns blieb nur eines übrig: Uns südwärts aus dem Passat hinauszuarbeiten und zu versuchen, in den Gürtel mit den Veränderlichen Winden zu gelangen. Allerdings traf Kapitän Bruce auf seiner Reise die Veränderlichen Winde nicht, und er konnte auf keine Weise ostwärts gelangen. Aber wir hatten keine Wahl – wir mußten uns auf die Veränderlichen Winde verlassen, und deshalb beteten wir denn auch, daß das Glück uns günstiger sein möchte als ihm. Die Veränderlichen Winde sind der Gürtel, der zwischen dem Passat und dem stillen Gürtel liegt. Sie fliegen hoch in der Luft, dem Passatwind gerade entgegen, und sinken allmählich, bis sie dort, wo man sie antrifft, gerade die Meeresfläche kräuseln.

Wir trafen die Veränderlichen Winde auf dem 11. Grad nördlicher Breite und klammerten uns bis zum

11. Grad hartnäckig an sie an. Südlich von ihnen lag der stille Gürtel. Im Norden hatten wir den Nordostpassat, der durchaus nicht aus Nordost wehen wollte. Die Tage kamen und gingen, und jeder Tag fand die Snark irgendwo in der Nähe des elften Breitengrades. Die Veränderlichen Winde waren wirklich veränderlich. Ein leichter Gegenwind konnte einer Stille von achtundvierzig Stunden weichen. Dann konnte der Wind plötzlich aus Westen wehen, frisch, herrlich frisch, und die Snark zog unter vollen Segeln dahin, während das Kielwasser schäumte und die Logleine sich straffte. Nach einer halben Stunde, wenn wir gerade den Ballonklüver setzen wollten, ja, dann erklangen ein paar zage Seufzer, und der Wind legte sich. Und so ging es weiter. Wir wetteten optimistisch bei jedem günstigen Windstoß, der länger als fünf Minuten dauerte, aber es nutzte uns nicht im geringsten. Der Wind legte sich doch wieder.
Seit Jahren hat kein Segelschiff versucht, diese Strecke zurückzulegen, und wir befanden uns denn auch in der verlassensten Einsamkeit des Stillen Ozeans. In den sechzig Tagen, die dieser Teil der Reise dauerte, sahen wir weder ein Segelschiff noch den Rauch eines Dampfers. Ein hilfloses Schiff könnte auf diesem öden, gottverlassenen Gebiet umhertreiben, und ein Dutzend Generationen würde vergehen, ohne daß ihm jemand zu Hilfe käme. Wenn wir an Deck standen, maß eine gerade Linie vom Auge bis zum Horizont drei und eine halbe Meile. Mit anderen Worten, der Kreis, dessen Mittelpunkt wir bildeten, hatte einen Durchmesser von sieben Meilen. Und da wir uns stets im Zentrum befanden, und da wir uns beständig in irgendeiner Richtung bewegten, bekamen wir viele Kreise zu sehen. Aber alle Kreise glichen einander. Es gab keine

grünen Inseln, keine grauen Vorgebirge und keine schimmernden Flecken von weißem Segelleinen, nichts unterbrach je die eintönige Linie des ungebrochenen Horizontes. Wolken kamen und gingen, hoben sich über den Rand des Kreises, trieben durch den Raum und verschwanden dann wieder hinter dem entgegengesetzten Rand.

Mit den Wochen wurde die Welt so blaß und undeutlich, bis es überhaupt keine Welt mehr außerhalb der Snark und ihrer kleinen Welt gab, der Snark, die mit ihrer Ladung von sieben Menschenseelen auf dem Wasser schwamm. Unsere Erinnerungen an die Welt, die große Welt, wurden wie Träume an ein früheres Dasein, das wir irgendwo erlebt hatten, ehe wir an Bord der Snark geboren wurden. Als wir eine Zeitlang frisches Gemüse hatten entbehren müssen, begannen wir von derartigen Dingen zu reden, ungefähr wie ich meinen Vater von den Äpfeln hatte reden hören, die er in seiner Kindheit aß.

Die große Welt konnte sich uns nicht aufdrängen. Unsere Glocke läutete, wenn Glasen geschlagen werden sollten, aber kein Besucher schellte je. Es gab keine Mittagsgäste, keine Telegramme, keine aufdringlichen Telefonanrufe, die in unser Privatleben eingriffen. Wir hatten keine Verabredungen einzuhalten, keine Züge zu erreichen, und es gab keine Morgenzeitungen, die uns die Zeit stahlen und uns erzählten, was mit unsern fünfzehnhundert Millionen Mitmenschen geschah.

Aber das war nicht schlecht. Wir hatten die Angelegenheiten unserer eigenen kleinen Welt, und im Gegensatz zur großen Welt mußte die unsere auf ihrer Fahrt durch den Raum gesteuert werden. Dazu gab es Störungen im Weltraum, denen man begegnen und die man überwinden mußte. Störungen, die die große Welt auf ihrer reibungslosen Bahn durch den leeren Raum, wo es keine Winde gibt, nicht anfechten. Und von einem Augenblick zum andern wußten wir nicht, was jetzt geschehen würde. Wir hatten Pikanterie und Abwechslung genug und mehr als genug.

Um vier Uhr morgens z. B. löse ich Hermann am Rad ab.

»Ost-Nordost«, gibt er mir den Kurs an. »Sie liegt acht Strich ab, aber sie läßt sich nicht steuern.«

»Das ist kein Wunder. Das Schiff ist noch nicht gebaut, das bei einer so völligen Windstille zu steuern ist.«

»Ich hatte vor kurzem eine Brise – vielleicht kommt sie wieder«, sagt Hermann zuversichtlich, ehe er sich nach vorn in seine Kabine und seine Koje begibt.

Der Besan ist jetzt eingeholt und beschlagen. Teils wegen des ewigen Rollens, teils wegen der Windstille hatte er uns das Leben zu einer solchen Plage gemacht, daß wir ihn nicht länger am Mast scheuern, in den Taljen kreischen und auf die leere Luft loshämmern lassen konnten. Aber das Großsegel ist immer noch gesetzt, und Stagsegel, Klüver und Jager reißen und zerren an ihren Schoten, so oft das Fahrzeug rollt. Alle Sterne stehen am Himmel. Um das Glück zu versuchen, lege ich das Ruder hart um, lehne mich zurück und starre auf die Sterne. Ich habe nichts anderes zu tun. Man kann nichts anderes machen mit einem Segelschiff, das in völliger Totenstille daliegt.

Dann fühle ich einen Windhauch an meiner Backe, so schwach, daß ich ihn nur eben spüre, ehe er wieder verschwindet. Aber dann kommt noch einer und noch einer, bis wir eine gerade fühlbare Brise haben. Wie die Segel der Snark sie fühlen können, das geht über meinen Verstand, aber sie fühlen sie, und das tut die Snark selber auch, denn die Kompaßscheibe beginnt sich langsam im Nachthaus zu drehen.

Jetzt hält die Snark also wieder ihren alten Kurs. Der Windhauch wird zu einem winzigen Lüftchen. Die Snark fühlt den Druck und krängt ein wenig über. Der Schaum sprüht, und ich bemerke, daß die Sterne erlöschen. Wie eine Mauer senkt sich das Dunkel auf mich herab, und als der letzte Stern verschwunden ist, meine ich, die Hand ausstrecken und es an allen Seiten berühren zu können, so nahe ist es gekommen. Beuge ich mich vor, so kann ich fühlen, wie es vor meinem Gesicht verhaucht. Ein Windhauch folgt auf den andern. Die Snark legt sich auf die Seite und krängt über, bis die Leereling unter Wasser ist, und es scheint, daß der ganze Stille Ozean über uns hereinbricht. Vier oder fünf solcher Windstöße lassen mich wünschen, daß Klüver und Jager geborgen wären. Die See wächst, die Windstöße werden stärker und häufiger, und die Luft ist voller Schaum. Es hat keinen Zweck, nach Luv gucken zu wollen. Die schwarze Mauer ist kaum um Armeslänge entfernt. Es ist etwas Unheilverkündendes und Drohendes dort in Luv. Zwischen zwei Windstößen verlasse ich das Rad und laufe nach vorn zur Kajüttreppe, wo ich Streichhölzer anreibe und auf das Barometer sehe. Das empfindliche Instrument will die Störung nicht anerkennen, die mit tiefem Brummen durch die Takelung saust. Ich komme zum Rad zurück, gerade rechtzeitig, um zum Empfang des nächsten Windstoßes gerüstet zu sein – des stärksten, den wir bisher gehabt haben. Ja, der Wind kommt wenigstens quer, und die Snark hält ihren Kurs und schießt nach Osten. Das ist doch jedenfalls gut. Klüver und Jager stören mich, und ich wünschte, ich hätte sie geborgen. Das würde das Wetter auch weniger gefährlich machen. Der Wind schnauft, und die Regentropfen peitschen wie Schrot aus einer Büchse auf uns herab. Ich komme zu dem Ergebnis, daß ich alle Mann an Deck rufen muß, aber im nächsten Augenblick sage ich mir, daß ich noch etwas aushalten will. Vielleicht ist es für diesmal vorbei, und dann habe ich sie zwecklos herausgepurrt. Besser, sie schlafen zu lassen. Ich überlasse die Snark sich selber, und aus dem Dunkel kommt im rechten Winkel ein wahrer Wolkenbruch von Regen, von einem heulenden Wind begleitet. Dann ist alles vorbei außer der Dunkelheit.

Kaum flaut der Wind ab, als die Seen auch schon groß werden. Jetzt sind es ganze Sturzseen, und das Boot taumelt wie ein Kork auf den Wogen. Aber aus dem Dunkel kommen die Windstöße, härter und heftiger als je. Wenn ich nur wüßte, was das Dunkel in Luv enthält. Die Snark kommt nur schwer hindurch, und ihre Leereling ist mehr unter als über dem Wasser. Wieder schreit und schnauft der Wind. Jetzt ist es Zeit, die andern herauszupurren, wenn es überhaupt getan werden soll. Ich entschließe mich also, sie herauszupurren. Da bricht der Regen los, der Wind legt sich, und ich purre sie nicht heraus. Aber es ist recht einsam, so am Rad zu stehen und eine kleine Welt durch eine polternde Finsternis zu steuern. Das salzige Wasser fühlt sich so merkwürdig warm an, und es ist von geisterhaften kleinen Klumpen durchglüht, die wie Phosphor leuchten. Ja, ich will die andern wirklich herauspurren, damit sie die Segel beschlagen. Warum sollen sie schlafen dürfen? Ich bin ein Dummkopf, und ich mache mir keine Gewissensbisse daraus. Aber ehe ich noch zu einem Entschluß komme, legen sich die Windstöße.

Das Tageslicht bricht, grau und zornig, vorsichtig durch die Wolkendecke und zeigt ein kochendes Meer, das sich unter der Wucht immer wiederkehrender und immer heftigerer Böen glättet. Dann kommt der Regen, der die windumrauschten Wellentäler mit wildweißem Schaum füllt und die Wogen noch mehr glättet, diese Wogen, die nur darauf warten, daß Wind und Regen sich legen sollen, um einen noch wilderen Tanz zu beginnen. Dann haben die andern ausgeschlafen und kommen an Deck, auch Hermann, dessen Gesicht ein einziges großes Grinsen ist – so freut er sich über die Brise, die ich gefangen habe. Ich überlasse das Rad Warren und gehe nach unten. Ich bin barfüßig, und meine Zehen sind in bewundernswertem Maße in der Kunst geübt, festzuhalten; als die Reling aber in einer grünen See verschwindet, setze ich mich plötzlich auf das triefende Deck. Hermann fragt in aller Liebenswürdigkeit, warum ich mir gerade diese Stelle ausgesucht habe. Da krängt die Snark wieder, und auch er setzt sich ganz plötzlich, ohne daran gedacht zu haben. Die Snark krängt hin und her, die grüne Masse drängt über die Reling herein, und Hermann und ich rollen in die Speigatten in Lee. Dann gehe ich wirklich nach unten, und während ich mich umziehe, lache ich zufrieden – die Snark kommt nach Osten.

Nein, es ist nicht lauter Einförmigkeit. Als wir uns endlich bis zum 128. Grad westlicher Länge geschlichen hatten, verließen wir den Gürtel der Veränderlichen Winde und steuerten südwärts durch den stillen Gürtel, wo es sehr windstill war und wir froh sein mußten, wenn wir ein Dutzend Meilen in ebenso vielen Stunden zurücklegen konnten, wozu wir auch den schwächsten Windhauch benutzten. Und doch konnten wir an einem solchen Tage ein Dutzend Böen passieren, und jede Bö war wie eine Keule, die die Snark zerschmettern konnte. Zuweilen wurden wir vom Zentrum dieser Böen getroffen, zuweilen von den Flügeln. Die Bö, die sich über dem Horizont erhob, bedeckte die halbe Himmelswölbung und kam auf uns los. Zuweilen spaltete sie sich in zwei Böen, die an beiden Seiten vorbeigingen, ohne uns das geringste zu tun, während die unschuldigste, winzigste Böe, die scheinbar nur ein Oxhoft Wasser und ein Pfund Wind enthielt, plötzlich riesige Dimensionen annehmen und einen wahren Wolkenbruch von Regen und Sturm auf uns herabsenden konnte.

In dem stillen Gürtel hatten wir unser aufregendstes Erlebnis. Am 20. November entdeckten wir zufällig, daß wir mehr als die Hälfte von unserm Süßwasservorrat eingebüßt hatten. Seit unserer Abfahrt von Hilo waren dreiundvierzig Tage vergangen, unser Süßwasservorrat war also sowieso nicht mehr groß, und der Verlust der Hälfte bedeutete eine Katastrophe. Mit kleinen Rationen konnte der Rest für zwanzig Tage reichen, aber wir befanden uns im stillen Gürtel – man wußte nie, wo der Südostpassat war oder wo wir ihn erreichen konnten.

So wurde denn die Pumpe abgeschlossen, und einmal täglich wurden Wasserrationen ausgeteilt. Wir bekamen jeder einen Liter für unsern persönlichen Gebrauch, während der Koch acht Liter erhielt. Aber jetzt kommt das psychologische Moment. Kaum hatten wir entdeckt, daß das Wasser knapp war, als ich z. B. schon von brennendem Durst gepackt wurde. Mir schien, als wäre ich nie im Leben so durstig gewesen. Ich hätte mit Leichtigkeit meinen kleinen Liter Wasser in einem Zuge trinken können, und es erforderte direkt eine starke Willensanspannung, es zu lassen. Und mir ging es nicht allein so. Wir sprachen von Wasser, dachten an Wasser und träumten von Wasser, wenn wir schliefen. Wir untersuchten die Seekarte, um wenn möglich Inseln zu finden, die wir anlaufen konnten, wenn es ganz schlimm werden sollte, aber es gab keine Inseln. Die Marquesas waren die nächsten, und die waren jetzt jenseits des Äquators und des stillen Gürtels, was die Sache noch schlimmer machte. Wir befanden uns auf dem 3. Grad nördlicher Breite, die Marquesas aber auf dem 9. Grad südlicher Breite – eine Entfernung von über tausend Meilen. Ja, es war wirklich eine hübsche Situation für eine kleine Schar Menschen, die auf dem großen Weltmeer, mitten in tropischer Hitze und Stille, verschmachteten.

Wir befestigten Leinen an beiden Seiten zwischen Groß- und Besantakelung. Dazwischen spannten wir das große Sonnensegel auf und hißten es achtern hoch, so daß alles Regenwasser, das wir sammeln konnten, nach vorn laufen mußte, wo wir es dann auffangen konnten. Hin und wieder passierten Böen unsern Gesichtskreis. Den ganzen Tag hielten wir Ausschau nach ihnen, bald nach Backbord und bald nach Steuerbord, dann wieder vorn und achtern. Aber keine Bö kam uns so nahe, daß sie uns Feuchtigkeit gebracht hätte. Am Nachmittag steuerte eine große Bö gerade auf uns los. Sie breitete sich über dem Meer aus, und wir konnten sehen, wie sich die zahllosen Tonnen Wasser in das salzige Meer ergossen. Wir schenkten dem Sonnensegel ganz besondere Aufmerksamkeit und warteten.

In der Nacht aber kam der Regen. Martin, den sein psychologischer Durst gezwungen hatte, seinen Liter Wasser schon früh zu trinken, hielt den Mund an den Rand des Sonnensegels und trank einen so mächtigen Schluck, wie ich nie einen Menschen habe trinken sehen. Das kostbare Wasser strömte in Eimer und Bütten, und im Laufe von zwei Stunden hatten wir hundertundzwanzig Gallonen geborgen. Seltsamerweise bekamen wir nicht einen Tropfen Regen mehr auf der ganzen Reise nach den Marquesas. Würde diese Bö uns umgangen haben, so hätten die Pumpen abgeschlossen bleiben müssen, und wir hätten genug zu tun gehabt, um mit dem Rest unseres Benzins Wasser zu destillieren.

Und dann gab es Fischfang. Wir brauchten nicht weit zu suchen, wir hatten sie gleich beim Schiff. Einen dreizölligen Eisenhaken, der mit einem weißen Tuch als Köder versehen und an einer starken Leine befestigt war, mehr brauchte man nicht, um Boniten im Gewicht von zehn bis fünfundzwanzig Pfund zu fangen. Boniten leben von fliegenden Fischen. Sie schnappen so treuherzig zu wie nur ein Fisch im ganzen Meer, und ihren ersten Sturmlauf wird niemand, der sie gefangen hat, je vergessen können. Die Boniten sind auch die ärgsten Kannibalen. Im selben Augenblick, wenn einer von ihnen anbeißt, wird er sofort von seinen Kameraden angegriffen. Oft haben wir sie mit teetassengroßen frischen Löchern an Bord gezogen, Löchern, aus denen das Fleisch direkt herausgerissen war.

Eine vieltausendköpfige Schar von Boniten umschwärmte uns länger als drei Wochen Tag und Nacht. Die Snark gewährte ihnen gute Jagd, und wie ein Keil des Verderbens schnitten sie sich, eine halbe Meile breit und fünfzehnhundert Meilen lang durch das große Weltmeer. Sie hielten sich dicht an beiden Seiten der Snark und überfielen die fliegenden Fische, die von ihrem Bug aufgescheucht wurden. Achtern verfolgten sie die fliegenden Fische, denen es geglückt war, zu entwischen, und so waren sie stets im Kielwasser der Snark. Man brauchte nur einen Blick nach achtern und auf die Kante eines Brechers zu werfen, um diese Dutzende und aber Dutzende silberglänzender Körper zu sehen, die dicht unter der Oberfläche dahinschwammen. Und wenn sie so viel gefressen hatten, wie sie vermochten, war es ihnen eine Freude, sich in den Schatten des Bootes oder der Segel zu legen, und stets konnte man mehr als hundert in der Kühle dahingleiten sehen.

Aber die armen fliegenden Fische! Verfolgt und bei lebendigem Leibe von Boniten und Goldmakrelen verschlungen, versuchten sie durch die Luft zu fliehen, wo Seevögel auf sie niederstießen und sie wieder ins Wasser hinabtrieben. In der Luft fanden sie keine Rettung. Es ist kein Spiel, wenn die fliegenden Fische zu fliegen versuchen. Es gilt Leben oder Tod für sie. Tausendmal im Laufe eines Tages konnten wir dieselbe Tragödie sich in der Luft abspielen sehen. Unsere Aufmerksamkeit konnte von dem hastigen, gebrochenen, kreisenden Flug eines fliegenden Fisches angezogen werden. Sahen wir dann hinunter, so konnten wir den Rücken eines Tümmlers sehen, der sich mit wilder Eile an der Oberfläche dahinarbeitete. Dicht vor seiner Nase schießt ein zitternder, leuchtender Silberstreifen aus dem Wasser in die Luft, ein feiner, organischer Flugmechanismus, vom Gefühl beseelt, mit Steuerfähigkeit und Liebe zum Leben. Der Seevogel stößt auf ihn herab, trifft ihn aber nicht, und der fliegende Fisch, der hochsteigt, indem er sich wie ein Drachen gegen den Wind erhebt, beschreibt einen Halbkreis und streicht, auf ausgebreiteten Flügeln gleitend, nach Lee hinüber. Im Meer zeigt sich das Kielwasser der Goldmakrele wie ein Streifen wirbelnden Schaums. Sie folgt, starrt mit großen Augen nach dem schimmernden Frühstück, das sich in einem andern Element bewegt als dem, wo sie zu Hause ist. Sie kann sich nicht zu solchen Höhen erheben, aber sie ist ein großer Philosoph und weiß, daß der fliegende Fisch früher oder später ins Wasser zurückkehren muß, wenn er nicht von Seevögeln gefressen werden will. Und dann – Frühstück! Sie hatte solches Mitleid mit dem armen fliegenden Fisch. Es war traurig, dies gierige, blutige Abschlachten zu sehen. Wenn in der Nachtwache ein verlassener kleiner Fisch gegen das Großsegel stieß und auf Deck fiel, wo er nach Luft schnappte und sprang, konnten wir uns ebenso eifrig und ebenso gierig wie Goldmakrelen und Boniten auf ihn stürzen. Denn man muß wissen, daß der fliegende Fisch ein außerordentlich delikates Frühstücksgericht abgibt. Ich wunderte mich stets, daß so feines Fleisch den verfressenen Verfolgern kein feineres Zellengewebe verleiht.

Hin und wieder fingen wir Haie mit Hilfe großer Haken, die mit einer kurzen Kette an einer dünnen Leine befestigt waren. Und Haie waren gleichbedeutend mit Lotsenfischen, Saugfischen und verschiedenen Schmarotzern. Einige von den Haien waren richtige Menschenfresser mit Augen wie Tiger und zwölf Reihen rasiermesserscharfer Zähne. Apropos, auf der Snark waren wir uns alle einig, daß von den vielerlei Fischen, die wir gegessen hatten, kaum einer sich mit gebratenem Hai in Tomatensoße messen konnte. Bei stillem Wetter fingen wir hin und wieder einen Fisch, den der japanische Koch Haké nannte. Und einmal fingen wir an einem glitzernden Haken, der hundert Meter nachschleppte, einen Fisch, der im Bau an eine Schlange erinnerte. Er war gut drei Fuß lang, nicht mehr als drei Zoll im Durchmesser und hatte vier Hauer. Es war der feinste Fisch – im Fleisch wie im Geschmack –, den wir je an Bord gegessen hatten. Aber den willkommensten Zuwachs unserer Speisekammer bildete doch eine Meerschildkröte, die gut hundert Pfund wog und in vielen sehr verlockenden Zubereitungen auftrat, als Beefsteak, Suppe, Ragout und zuletzt als ein direkt wunderbares Curry, welches schuld daran war, daß alle mehr Reis aßen als ihnen gut tat. Wir sahen die Schildkröte in Luv, wo sie ganz ruhig inmitten einer mächtigen Schar von neugierigen Goldmakrelen auf der Wasseroberfläche schlief. Wir machten kehrt und fuhren hinter ihr her. Als sie an Bord gezogen wurde, klammerten sich unzählige Saugfische an ihre Schale, und aus den Öffnungen bei den Flossen krochen ein paar große Krabben hervor.

Aber der König aller Hochseefische ist die Goldmakrele. Sie hat nie zweimal dieselbe Farbe. Wenn sie im Meer schwimmt, ein ätherisches Geschöpf vom bleichsten Azurblau, ist sie schon ein wahres Wunder von Farben. Aber das ist noch gar nichts. Bald sieht sie aus, als sei sie grün-blaßgrün, tiefgrün, schimmernd grün. Zu anderen Zeiten blau, tiefblau, bleu-electric, die ganze Farbenskala in Blau. Fangt sie an einem Haken, und sie verwandelt sich in Gold, gelbes Gold, lauteres Gold. Zieht sie an Deck, und sie macht den Regenbogen zuschanden, denn sie wechselt von einer unfaßbaren Nuance von Blau und Grün und Gelb in die andere, und plötzlich wird sie weiß, ganz zart weiß mit schimmernd blauen Flecken, und im selben Augenblick entdeckt man, daß sie gefleckt ist wie eine Scholle. Dann verzieht sich das Weiß wieder, sie durchläuft wiederum die ganze Farbenskala und hat schließlich eine Farbe wie Perlmutter.

Für jemand, der gern fischt, weiß ich keinen edleren

Sport als den Fang der Goldmakrele. Selbstverständlich muß es mit einer dünnen Leine mit Winde und Rute geschehen. Ein Nr. 7 O'Shaughnessy Tarpon-Haken mit einem ganzen fliegenden Fisch als Köder ist ausgezeichnet. Die Goldmakrele lebt wie der Bonite von fliegenden Fischen, und sie schießt wie der Blitz auf den Köder los. Das erste Zeichen, daß sie angebissen hat, ist, daß die Winde kreischt und man die Leine im rechten Winkel zum Boot schießen sieht. Ehe man Zeit hat, sich Sorgen darüber zu machen, ob die Leine reicht, springt der Fisch wieder und wieder aus dem Wasser. Da er bestimmt vier Fuß oder mehr mißt, kann man sich leicht vorstellen, welch schöner Sport es ist, einen so stolzen Fisch einzuholen. Wenn der Haken in ihm sitzt, wird er unweigerlich goldfarbig. Mit den Sprüngen will er den Haken abschütteln, und der Mann, der ihn gefangen hat, muß schon aus Holz oder sehr blasiert sein, wenn ihm sein Herz nicht schneller schlägt beim Anblick eines so prachtvollen Fisches, der in seinem goldenen Ringpanzer schimmert und sich wie ein Hengst vor jedem Sprung in die Luft schüttelt. Hütet euch, Leine nachzulassen! Tut man das, so wird der Haken bei einem der Sprünge herausgerissen und mindestens zwanzig Fuß weit fortgeschleudert. Nicht nachlassen – dann schießt er weiter, und es endet mit einer Reihe neuer Sprünge. Man beginnt für die Leine zu fürchten und zu wünschen, daß man neunhundert Fuß statt sechshundert auf der Winde gehabt hätte. Wenn man aber gut aufpaßt, besteht keine Gefahr für die Leine, und nach einer Stunde heftiger Spannung hat man sich des Fisches bemächtigt. Eine Goldmakrele, die ich auf diese Weise an Bord der Snark zog, maß vier Fuß und sieben Zoll.

So vergingen die Tage. Es gab so viel zu tun, daß die

Zeit uns nie lang wurde. Und selbst wenn wir wenig zu tun gehabt hätten, wäre uns die Zeit bei den wunderbaren Lichtwirkungen in Luft und Meer nicht lang geworden – Morgendämmerung, die an brennende Kaiserstädte denken ließ, Regenbögen, die bis zum Zenit reichten; Sonnenuntergänge, die Ströme rosigen Lichts über das dunkelviolette Meer ergossen, ein Licht, das seinen Ursprung in einer Sonne hatte, deren zerstreuende, himmelanstürmende Strahlen vom reinsten Blau waren. Rings um das Schiff war das Meer, und lange, heiße Tage lang lag es wie ein azurblaues Seidengespinst da, in dessen Tiefe der Sonnenschein sich in Trichtern von Licht sammelte. Achtern kam, wenn es wehte, unter dem Wasser ein Flug milchweißer, türkisblauer Gespenster – es war der Schaum, den die Snark erzeugte, wenn sie gegen eine Woge stieß. Nachts war das Kielwasser ein phosphorglänzender Feuerstreif, in dem das Meeresleuchten dagegen protestierte, daß ein solcher Koloß wie wir uns durch das Meer bewegten, während wir ganz in der Tiefe Kometen sehen konnten, die sich unaufhörlich mit ihren langen, wogenden, nebelartigen Schweifen hin und her bewegten – Boniten, die durch das protestierende Meeresleuchten glitten. Und hin und wieder tauchten aus dem Dunkel zu beiden Seiten eben unter der Oberfläche große phosphoreszierende Organismen auf, die wie elektrische Lampen schimmerten und zeigten, wo Zusammenstöße zwischen den nachlässigen Boniten stattfinden, die nach dem guten Jagdterrain dicht vor unserm Bugspriet eilten.

Wir kamen so weit nach Osten, wie wir sollten, arbeiteten uns durch den stillen Gürtel hindurch und trafen eine frische Brise von Süden nach Westen. Wenn wir auf diesem Kurs am Wind segelten, gelangten wir weit westlich von den Marquesas. Aber tags darauf, am Dienstag, den 26. November, schlug der Wind mitten in einer heftigen Bö plötzlich nach Südosten um. Es war endlich der Passat. Es kamen keine Böen mehr, nichts außer schönem Wetter, gutem Wind und einem surrenden Log, abgefierten Schoten und schwellendem Ballonklüver und Großsegel. Der Passat drehte sich, bis er aus Nordost wehte, während wir sicher und ruhig nach Südwest steuerten. Er hielt zehn Tage an, und am Morgen des 6. Dezember um fünf Uhr sahen wir genau dort, wo wir erwartet hatten, Land vor uns. Wir gingen in Lee an Ua-huka vorbei, strichen an der Südküste von Nuku-hiva entlang und arbeiteten uns nachts durch peitschende Böen und Finsternis zu einem Ankerplatz in der engen Taiohaebucht. Der Anker fiel, während wilde Ziegen auf den Felsen meckerten. Die Luft, die wir einatmeten, war schwer von Blütenduft. Die Reise war zu Ende. Sechzig Tage von Ankerplatz zu Ankerplatz über ein einsames Meer, wo nie ein Schiff mit geschwellten Segeln über dem Horizont erschien.

TYPEE

Der Gipfel des Ua-huka im Osten wollte von einer Regenbö verwischt werden, die bald die Snark eingeholt hatte. Aber das kleine Fahrzeug, dessen großer Ballonklüver vom Südostpassat geschwellt wurde, lief sehr schnell. Kap Martin, der südöstlichste Punkt von Nuku-hiva, lag querab, und die Comptrollerbucht breitete ihre Arme aus, während wir an dem breiten Einlauf vorbeifuhren, wo der Segelberg, der genau dem

Sprietsegel eines Lachsbootes auf dem Columbia glich, tapfer in der hämmernden Südostdünung mit dem Wetter kämpfte.

»Was, glaubst du, ist das?« fragte ich Hermann, der am Ruder stand.

»Ein Fischerboot!« antwortete er, nachdem er genau hingesehen hatte.

Aber auf der Seekarte war es ganz deutlich als »Segelberg« gezeichnet.

Uns interessierte jedoch die Comptrollerbucht mehr; unsere Blicke suchten eifrig die drei kleinen Buchten und blieben endlich auf der mittleren haften, wo wir in der zunehmenden Dämmerung die undeutlichen Umrisse eines Tales sehen konnten, das sich ins Land hinein erstreckte. Wie oft hatten wir auf die Karte gestarrt, und stets hatte sich unsere Aufmerksamkeit auf die mittlere Bucht und das Tal, das von ihr ausging, konzentriert – das Typeetal. Als kleiner Knabe las ich ein Buch – Hermann Melvilles »Typee«, und viele herrliche Stunden verbrachte ich damit, von diesem Buch zu träumen. Aber es waren nicht lauter Träumereien. Ich faßte einen gewaltigen Entschluß und sagte mir, daß ich, wenn ich alt und kräftig genug wäre, auch nach Typee reisen wollte. Als ich von einer sieben Monate langen Fahrt im nördlichen Stillen Ozean nach San Franzisko zurückkam, sagte ich mir, daß jetzt die Zeit gekommen sei. Die Brigg Galilee sollte nach den Marquesas fahren, aber die Mannschaft war vollzählig, und ich, der ich so jung war, daß ich überaus stolz auf meine Würde als Vollmatrose war, erbot mich, mich als Schiffsjunge anheuern zu lassen, um diese Pilgerfahrt mitzumachen. Selbstverständlich wäre die Galilee ohne mich von den Marquesas abgefahren, denn ich war entschlossen, ein neues Fayaway und ein neues Kory-Kory zu finden. Ich glaube fast, der Kapitän konnte mir an den Augen ablesen, daß ich daran dachte, zu desertieren. Vielleicht war der Platz als Kajütenjunge auch schon besetzt. Jedenfalls bekam ich ihn nicht.

Dann kamen die vielen reichen Jahre voll von Plänen, von Versuchen, die bald glückten, bald mißglückten, aber ich vergaß Typee nicht, und jetzt stand ich hier und starrte auf seine dunstigen Konturen, bis die Brandung uns packte und die Snark in den fließenden Schaum gewirbelt wurde. Schon sahen wir einen Schimmer des Schildwachberges inmitten gewaltiger Brecher, die über ihm zusammenschlugen, und peilten ihn. Dann sollten auch ihn Regen und Finsternis verlöschen. Wir steuerten gerade auf ihn los, denn wir verließen uns darauf, daß wir die Brandung lange genug im voraus hören konnten, um nicht hineinzugeraten. Wir waren gezwungen, danach zu steuern. Zu unserer Orientierung hatten wir nichts außer einer Peilung, und wenn wir den Schildwachberg nicht erreichten, gelangten wir auch nicht in die Taiohaebucht und waren gezwungen, die Snark beizudrehen und die ganze Nacht unter Segel zu bleiben, keine angenehme Aussicht für müde Reisende, die sechzig Tage auf dem öden Stillen Ozean verbracht hatten und jetzt hungrig nach Land, hungrig nach Obst waren und einen Hunger nach dem schönen Typeetal spürten, der sich seit Jahren in ihnen regte.

Plötzlich erschien der Schildwachberg im Gebrüll der Wogen gerade vor uns im Regen. Wir änderten den Kurs, und mit schwellendem Großsegel und Ballonklüver zogen wir vor der Bö an ihm vorbei. Im Lee des Felsens ließ der Wind uns los, und wir taumelten in absoluter Stille herum. Dann kam ein heftiger Windstoß gerade aus der Taiohaebucht uns entgegen. Herunter mit dem Ballonklüver und hinauf mit dem Besan, alle Schoten am Wind, und wir kamen langsam vorwärts, während wir loteten und angespannt in das Dunkel starrten, um das feste rote Licht in dem verfallenen Fort zu erblicken, das uns zeigen sollte, wo wir ankern konnten. Ein schwacher stetiger Wind blies von Ost nach West und von Nord nach Süd, während zu beiden Seiten Lärmen und Poltern ungesehener Brecher ertönte. Von den Felsen, die aus dem Dunkel auftauchten, ertönte das Meckern der wilden Ziegen, und über uns guckten die ersten Sterne durch die zerrissenen Ränder der fliegenden Wolken. Nach zwei Stunden waren wir eine Meile weit in die Bucht gelangt und warfen in elf Faden Tiefe Anker. Und so kamen wir nach Taiohae.

Am Morgen erwachten wir in einem kleinen Märchenland. Die Snark ankerte in einem ruhigen Hafen, der wiederum warm und gut in einem riesigen Amphitheater lag, dessen hohe, von wildem Wein bewachsene Mauern direkt aus dem Wasser zu wachsen schienen. Im fernen Osten sahen wir einen schmalen Pfad, der an einer Stelle sehr deutlich auf der Oberfläche des Felsens erschien.

»Das ist der Pfad, auf dem Toby aus Typee entkam!« riefen wir.

Wir brauchten nicht lange, um an Land und auf Pferde zu kommen, wenn wir auch einen Tag warten mußten, ehe wir uns auf unsere Pilgerfahrt begeben konnten. Zwei Monate zur See, die ganze Zeit barfüßig, ohne Raum, seine Glieder zu regen, das ist nicht die beste Vorbereitung für Lederschuhe und Ritte. Außerdem mußte das Land sein Übelkeit erregendes Schlingern einstellen, ehe wir uns imstande fühlten, auf Pferden zu reiten, die wie Ziegen auf schwindelnden Bergsteigen kletterten. Und deshalb unternahmen wir nur einen kurzen Ritt, um uns an die Bewegung zu gewöhnen. Dann krochen wir durch den dichten Busch und fanden ein ehrwürdiges bemoostes Götzenbild und einen deutschen Händler und einen norwegischen Schiffer, die gerade berechneten, wieviel das Götzenbild wog, und überlegten, wieviel es an Wert verlieren würde, wenn man es mitten durchsägte. Sie behandelten den alten Gott sehr unehrerbietig, stachen ihre Messer in ihn, um seine Härte und die Dicke seiner Moosdecke zu untersuchen, und befahlen ihm, aufzustehen und selbst zum Schiff zu spazieren, um sich die Mühe des Transportes zu sparen. Und als er das nicht wollte, packten neunzehn Kanaken ihn und schleppten ihn zum Schiff, wo er in der Last verstaut wurde und jetzt den südlichen Stillen Ozean in der Richtung von Kap Hoorn spaltet, um in Europa zu landen – der endgültigen Ruhestätte für alle guten heidnischen Götzenbilder außer den wenigen, die es in Amerika gibt, und namentlich dem, das grinsend neben mir steht, während ich diese Zeilen schreibe, und das, wenn kein Schiffbruch erfolgt, in meiner Nähe stehen und grinsen wird, bis ich sterbe. Und dieser Götze wird es sein, der den Sieg davonträgt. Er wird dastehen und grinsen, wenn ich Staub geworden bin.

Dann machten wir auch als eine Art vorbereitender Übung ein Fest mit, bei dem ein gewisser Taiara Tamarii, der Sohn eines Matrosen, der von einem Walfänger desertiert war, den Tod seiner Mutter feierte, indem er vierzehn ganze Schweine briet und das Dorf zum Feste einlud. Wir kamen auch und wurden willkommen geheißen von dem eingeborenen Herold, einem jungen Mädchen, das auf einem Felsen stand und uns singend mitteilte, daß das Fest erst durch unsere Anwesenheit vollkommen wäre – eine Mitteilung, die sie ohne Ansehen der Person jedem Neuankömmling machte. Aber wir hatten uns kaum gesetzt, als sie auch schon einen anderen Ton anschlug, während die Gesellschaft sich äußerst erregt zeigte. Ihre Schreie wurden heftig und durchdringend. Aus der Ferne antworteten andere, von Männerstimmen ausgestoßene Schreie, und die Schreie vermischten sich und wurden zu einem wilden barbarischen Gesang, der unglaublich blutdürstig klang und an Krieg und Tod gemahnte. Und dann kam auf den Wegen unter den Tropenpflanzen eine Prozession wilder Männer gewandert, die bis auf die prangenden Lendentücher nackt waren. Sie schritten langsam und stießen tiefe Kehllaute aus, die von Siegesfreude und Entzücken zeugten. Von jungen Baumstämmen, die sie auf den Schultern trugen, hingen geheimnisvolle schwere Gegenstände herab, die den Blicken der Menschen durch eine Decke von grünen Blättern verborgen waren.

Es waren nur Schweine, junge fette, gut gebratene und mit Blättern bedeckte Schweine, die sie auf diese Weise trugen, aber wie sie so angezogen kamen, war es eine Nachahmung von alten Tagen, da sie »Langschweine« getragen hatten. Seht, ein Langschwein ist gar kein Schwein! Ein Langschwein ist eine schöne polynesische Umschreibung für Menschenfleisch, und diese Nachkömmlinge von Menschenfressern mit einem Königssohn an der Spitze trugen Schweine zu ihrem Tisch, genauso wie in früheren Tagen ihre Großeltern ihre geschlachteten Feinde getragen hatten. Jeden Augenblick machte die Prozession halt, damit die Träger Gelegenheit hatten, ein besonders wildes Siegesgeheul auszustoßen als Ausdruck der Verachtung für ihre Feinde und ihrer eigenen kulinarischen Gier. So hatte Melville vor zwei Generationen gesehen, wie getötete Happarkrieger, in Palmenblätter gehüllt, zu einem Festmahl bei Ti getragen wurden. Ein andermal, ebenfalls bei Ti, sah er einen mit seltsamen Figuren geschnitzten Trog, und als er hineinguckte, fiel sein Blick auf »ein ganzes menschliches Skelett, dessen durcheinandergeworfene Knochen noch feucht waren, und an denen hie und da Fetzen von Fleisch hingen«. Geschichten von Menschenfresserei sind oft Lüge genannt worden von zivilisierten Leuten, die den Gedanken vielleicht nicht lieben, daß ihre eigenen wilden Vorfahren sich einst in der Vergangenheit ähnlich benommen haben. Kapitän Cook sprach sich ziemlich skeptisch über den Gegenstand aus, bis er eines Tages in einem Hafen von Neuseeland mit voller Überlegung ein Experiment machte. Zufällig war ein Eingeborener an Bord gekommen, um einen hübsch in der Sonne getrockneten Menschenkopf zu verkaufen. Auf Befehl Cooks wurden ganze Stücke Fleisch aus dem Kopf herausgeschnitten und dem Eingeborenen übergeben, der sie gierig verschlang. Kapitän Cook war – das muß man jedenfalls sagen – ein sehr weitgehender Experimentator. Jedenfalls beschaffte er sich auf diese Weise den völlig befriedigenden Beweis, den die Wissenschaft bisher in hohem Maße vermißt hatte. Er ließ sich nicht träumen, daß Tausende von Meilen entfernt eine Inselgruppe war, wo in kommenden Tagen ein sehr merkwürdiger Prozeß verhandelt werden sollte. Ein alter Mauihäuptling war wegen ehrenrühriger Verleumdung angeklagt, weil er behauptete, daß sein Körper das lebendige Grab von Kapitän Cooks großem Zeh war. Wie es heißt, konnten die Kläger nicht beweisen, daß der große Zeh des Entdeckers seine letzte Ruhestatt nicht in seinem Körper gefunden hatte, und so mußte man die Sache fallen lassen.

Ich glaube nicht, daß ich in unserm degenerierten Zeitalter Gelegenheit haben werde zu sehen, wie Langschweine verzehrt werden, aber ich besitze doch jedenfalls eine absolut echte Kalabasse von den Marquesas, einen länglichen Gegenstand mit seltsam geschnitzten Figuren, der mehr als ein Jahrhundert alt ist und aus dem man das Blut zweier Schiffskapitäne getrunken hat. Einer der Kapitäne war ein schäbiger Kerl. Er verkaufte einem Marquesashäuptling ein altes Walboot, das mit seinem schimmerndweißen Anstrich wie neu aussah. Kaum aber war der Kapitän fortgesegelt, als das Walboot auch schon auseinanderfiel. Da wollte das Schicksal, daß er einige Zeit darauf an der Insel Schiffbruch erlitt. Der Marquesashäuptling wußte nichts von Rabatt und Diskont, aber er hatte ein primitives Gerechtigkeitsgefühl und eine ebenso primitive Auffassung von der Ökonomie der Natur, und er beglich die Rechnung, indem er den Mann, der ihn betrogen hatte, auffraß.

In der kühlen Morgendämmerung traten wir unsere Pilgerfahrt nach Typee an, rittlings auf wilden, kleinen Zuchthengsten, die stampften und wieherten und sich bissen und schlugen, ohne sich im geringsten um die schwachen menschlichen Geschöpfe, die auf ihrem Rücken saßen, oder um die losen Felsblöcke und die klaffenden Schlünde zu kümmern. Es war ein alter Weg, der durch ein dichtes Gebüsch aus Haubäumen führte. Zu allen Seiten sah man zahlreiche Spuren einer früheren Besiedlung. Überall, wo das Auge den dichten Busch durchdringen konnte, sahen wir Steinmauern und Steinfundamente, sechs bis acht Fuß hoch, durch und durch solide gebaut und viele Ellen breit

und tief. Dort hatten einmal Häuser gestanden, aber die Häuser und die Menschen waren fort, und gewaltige Bäume schossen ihre Wurzeln kreuz und quer durch die Reste und hoben sich hoch über den Busch. Diese Fundamente heißen Pae-paes – Melville, der phonetisch buchstabierte, nannte sie Pi-pis.
Die heutige Generation und die jetzigen Bewohner der Marquesas haben nicht die Energie, derartige gewaltige Steine zu heben und sie zu verwenden. Es fehlt ihnen auch die Triebfeder dazu. Es gibt Pae-Paes für alle und sogar noch für ein paar tausend darüber hinaus. Ein paarmal sahen wir auf unserm Weg durch das Tal prachtvolle Pae-paes mit kläglichen kleinen Strohhütten – etwa so, wie wenn man sich eine Marktbude auf den breiten Fundamenten der Cheopspyramide dächte. Denn die Bewohner der Marquesas sind im Aussterben begriffen, und nach den Verhältnissen auf Taiohae zu urteilen, ist das einzige, was ihre Vernichtung noch hinhält, die Mischung mit neuem Blut. Ein reinblütiger Eingeborener ist eine große Seltenheit. Es scheint, daß sie alle halbblütig und ein merkwürdiges Sammelsurium von Dutzenden verschiedener Rassen sind. Neun, zehn tüchtige geübte Arbeiter sind alles, was die Händler zusammenbringen können, um die Kopralast auf die Schiffe zu bringen, und in ihren Adern fließt englisches, amerikanisches, dänisches, deutsches, französisches, korsikanisches, spanisches und portugiesisches Blut, und selbst die Osterinseln haben ihr Kontingent dazu gestellt. Es gibt mehr Rassen als Menschen, aber es ist bestenfalls der Ausschuß aller Rassen, und die Eingeborenen gehen wankend und nach Atem ringend ihrem Untergang entgegen. In diesem gleichmäßig warmen Klima – einem wahren Paradies auf Erden, wo es nie Temperaturschwankun-

gen gibt, und wo die Luft wie Balsam ist und stets von dem mit Sauerstoff gesättigten Südostpassat reingehalten wird – gedeihen Asthma, Phthisis und Tuberkulose ebenso üppig wie die Vegetation selbst. Aus den wenigen Grashütten hört man überall den entsetzlichen Husten und das erschöpfte Stöhnen der halbverzehrten Lungen. Es gedeihen hier auch andere furchtbare Krankheiten, aber die tödlichsten von allen sind die, welche die Lungen angreifen. Namentlich die Form von Lungenschwindsucht, die die galoppierende genannt wird, ist mehr als alles andere gefürchtet. Im Lauf von zwei Monaten wird der stärkste Mann zu einem wandelnden Skelett. In einem Tal nach dem anderen ist der letzte Bewohner gestorben und die fruchtbare Erde wieder zum Dschungel verwandelt. In Melvilles Tagen wurde das Hapaatal (er buchstabiert es »Happar«) von einem starken und kriegerischen Stamm bewohnt. Eine Generation später zählte es nur zweihundert Menschen, und heute ist das Tal ein unbewohntes, völlig undurchdringliches Tropendickicht.

Wir kletterten immer höher durch das Tal aufwärts, und unsere unbeschlagenen Hengste stiegen mühselig den zerfallenen Weg hinan, der zwischen den verfallenen Pae-paes durch die unersättlichen Dschungeln führte. Dann sahen wir rote Bergäpfel, Ohias, die wir von Hawaii kannten, und ein Eingeborener wurde hingeschickt, um sie zu holen. Er mußte noch einmal hinaufklettern, um Kokosnüsse zu holen. Ich hatte Kokosmilch in Jamaica und Hawaii getrunken, aber nie gewußt, wie wunderbar dieser Trank sein konnte, bis ich ihn hier auf den Marquesas schmeckte. Hin und wieder ritten wir unter wilden Zitronen- und Orangenbäumen, die der Wildnis viel länger standgehalten hatten als die menschlichen Atome, die sie gepflanzt.

Durch endloses Gebüsch von Cassi mit gelbem Blütenstaub ritten wir – wenn man es reiten nennen konnte, denn dieses duftende Gebüsch war von Wespen bewohnt! Und was für Wespen! Große, gelbe Trabanten von der Größe kleiner Kanarienvögel, die mit ihren zollangen Beinen durch die Luft schossen. Ein Hengst stampft plötzlich die Vorderfüße in den Boden und wirft die Hinterbeine in die Luft. Dann kommen die Hinterbeine wieder herunter, gerade lange genug, daß er einen wilden Sprung nach vorn machen kann, worauf sie wieder aufwärts weisen. Das ist nichts. Die dicke Haut des Pferdes ist nur von einer flammenden Wespenlanze durchstochen worden. Dann beginnen noch ein Hengst und noch einer und hierauf alle Tiere auf den Vorderbeinen über den steilen Boden zu springen. Hui! Ein weißblühender Dolch wird in meine Backe gejagt. Wieder hui! Ich werde in den Nacken gestochen. Ich bilde den Nachtrab, und ich hatte mehr als meinen reichlichen Anteil. Es ist nicht möglich, umzukehren, und die steigenden Pferde vorn auf dem schmalen gefährlichen Pfad versprechen nicht gerade viel Sicherheit. Mein Pferd holt das Charmians ein, und das empfindsame Tier, das wieder im psychologischen Augenblick gestochen wird, pflanzt den einen seiner Hufe auf mein Pferd und den anderen auf mich. Ich danke meinem Schicksal, daß es nicht mit Eisen beschlagen ist, und erhebe mich halb im Sattel, als ein neuer flammender Dolch in mich hineingejagt wird. Gewiß, ich erhalte mehr als meinen reichlichen Anteil, und dasselbe gilt von meinem armen Pferd, dessen Qual und Schrecken nur von den meinen übertroffen werden.

»Aus dem Weg! Ich komme!« rufe ich und schlage wie rasend mit meiner Mütze auf die giftigen Insekten los.

Auf der einen Seite geht der Hang senkrecht nach oben. Auf der anderen Seite senkrecht hinab. Die einzige Möglichkeit für die anderen, sich vor mir in Sicherheit zu bringen, war, daß sie weiterritten. Daß die ganze Reihe Pferde hindurchkam, ohne zu stürzen, ist ein reines Wunder, aber sie schossen dahin, liefen im Galopp und Trab aneinander vorbei, stolpernd, springend, steigend und mit den Füßen durch die Luft fechtend, so oft eine Wespe sich auf sie setzte. Nach einer Weile schöpften wir Luft und verglichen unsere Schäden. Und das geschah nicht einmal oder zweimal, sondern immer wieder. Merkwürdigerweise wurde es nie langweilig. Ich weiß jedenfalls, daß ich durch jenen Busch mit unvermindertem Geschmack am Leben kam wie ein Mann, der einem plötzlichen Tode entronnen ist. Nein, wer eine Pilgerfahrt von Taiohae nach Typee gemacht, wird sich nie unterwegs langweilen.
Zuletzt begannen wir denn das Ungemach, das die Wespen uns verursachten, zu verachten. Aber das verdankten wir mehr der Höhe als unserer Seelenstärke. Ringsumher, soweit das Auge reichte, sahen wir die schattigen Rücken von Bergesketten, deren Zinnen bis in die Passatwolken ragten. Unter uns, drunten, wo wir hergekommen waren, lag die Snark wie ein winziges Spielzeug auf dem ruhigen Wasser der Taiohaebucht. Vor uns konnten wir die Comptrollerbucht sehen, die sich ins Land hereinschnitt. Wir gingen tausend Fuß tiefer, und Typee lag uns zu Füßen. »Und wäre mir plötzlich ein Schimmer des Paradieses offenbart worden, so hätte mich der Anblick kaum mehr bezaubern können«, sagte Melville, als er das Tal zum erstenmal sah. Er sah einen Garten. Wir sahen eine Wildnis. Wo waren die hundert Haine mit Brotfruchtbäumen, die er gesehen hatte? Wir sahen Urwald,

nichts als Urwald, mit Ausnahme von zwei Grashütten und einigen Gruppen von Kokospalmen, die die ewig grüne Decke der Erde durchrachen. Wo war Mehevi, die Halle der Junggesellen, der Palast, wo keine Frauen geduldet wurden, wo er mit seinen Unterhäuptlingen herrschte, und wo jetzt nur ein Dutzend staubige träge Greise an die stolze Vergangenheit gemahnten. An dem schnell rinnenden Fluß hörte man nicht mehr junge Mädchen und verheiratete Frauen Tapa klopfen! Und wo war die Hütte, die der alte Narheyo für alle Ewigkeit baute? Ich sah vergebens nach ihm in den hohen Kokospalmen, wo er neunzig Fuß über dem Erdboden sitzen und seine Morgenpfeife rauchen sollte.

Wir folgten einem Pfad, der im Zickzack durch den schattigen, dichten Urwald lief, wo große Schmetterlinge in der Stille vorbeiflogen. Kein tätowierter Wilder bewachte den Pfad mit Keule und Speer, und als wir über den Fluß setzten, konnten wir uns herumtreiben, wie es uns gelüstete. Kein heiliges, unverletztes Tabu herrschte mehr in diesem Tal. Und doch herrschte es immer noch, ein neues Tabu, denn als wir uns den wenigen elenden eingeborenen Frauen näherten, wurde Tabu gerufen, aber als Warnung. Sie waren aussätzig. Der Mann, der uns warnte, war an Elefantiasis erkrankt, und alle hatten kranke Lungen. Der Tod hauste im Typeetal, und das Dutzend, das vom Stamm noch am Leben war, atmete nur noch schwach und mühselig wie eine Rasse, die in den letzten Zuckungen liegt.

Nein, wahrlich, nicht die Stärksten hatten den Sieg davongetragen, denn einst waren die Typeer sehr stark gewesen, stärker als die Happarer, stärker als die Taiohaer, stärker als alle Stämme von Nuku-hiva. Das

Wort Typee bedeutet ursprünglich jemand, der Menschenfleisch aß. Da aber alle Einwohner der Marquesas Menschenfleisch aßen, bedeutete diese Bezeichnung, daß diese Typeer größere Menschenfresser waren als die anderen. Nicht nur bis Nuku-hiva reichte der Ruf der Typeer für Tapferkeit und Wildheit. Auf allen Marquesas wurden die Typeer mit Furcht genannt. Menschen konnten sie nicht besiegen. Selbst die französische Flotte, die von den Marquesas Besitz ergriff, ließ die Typeer in Frieden. Kapitän Porter von der Fregatte Essex drang einmal in das Tal ein. Seine Matrosen und Marinesoldaten wurden durch zweitausend Krieger aus Happar und Taiohae verstärkt. Sie drangen ziemlich weit in das Tal ein, dann aber begegneten sie einem so wütenden Widerstand, daß sie sich zurückziehen und froh sein mußten, mit ihrer Flotte von Booten und Kriegskanus zu entkommen. Von allen Südseebewohnern galten die Einwohner der Marquesas als die stärksten und schönsten. Melville sagte von ihnen: »Was mir besonders auffiel, war ihre körperliche Kraft und Schönheit. – An körperlicher Schönheit übertrafen sie wirklich alles, was ich je gesehen habe. In der ganzen Schar, die das Fest mitmachte, sah ich nicht ein einziges Beispiel körperlicher Schäden. – Jeder Körper war vollkommen frei von den Fehlern, die zuweilen die Wirkung einer im übrigen tadellosen Gestalt verderben. Aber ihre körperliche Vollkommenheit bestand nicht nur darin, daß ihnen diese Übel fehlten; so gut wie jeder unter ihnen hätte einem Bildhauer Modell stehen können.« Mendana, der die Marquesas entdeckte, beschrieb die Eingeborenen als geradezu herrliche Erscheinungen. Figueroa, der den Bericht von Mendanas Reise niederschrieb, sagt von ihnen: »Ihre Hautfarbe ist fast ganz weiß; sie sind hochgewachsen und schön gebaut.« Kapitän Cook nannte die Einwohner der Marquesas die stolzeste Rasse der Südsee. Die Männer beschrieb er als »fast in allen Fällen hochgewachsen, selten weniger als sechs Fuß groß«.

Und jetzt ist all diese Schönheit und Kraft dahin, und das Typeetal ist die Heimat von ein paar Dutzend elenden Geschöpfen, Aussätzigen und Menschen, die an Elefantiasis und Tuberkulose leiden. Melville schätzt die Bevölkerung auf etwa zweitausend, und dabei rechnet er das kleine, anstoßende Tal Ho-o-u-mi noch nicht mit. Das Leben ist verfault in diesem wunderbaren Garten, wo das Klima so bezaubernd und gesund ist wie nur irgendwo auf Erden. Und die Typeestämme waren nicht nur in körperlicher Beziehung eine wunderbare Rasse; sie waren auch frei von Krankheiten. In ihrer Luft gab es nichts von all den Bazillen, Krankheitskeimen und Mikroben, die unsere Luft schwängern. Als aber die weißen Männer diese verschiedenen mikroskopischen Organismen, die gleichbedeutend mit Krankheit waren, mitbrachten, brachen die Typeestämme zusammen und begannen auszusterben.

Wenn man jetzt darüber nachdenkt, muß man zu dem Ergebnis kommen, daß die weiße Rasse durch Unreinheit und Verderben gedeiht. Aber die Erklärung liegt in der natürlichen Auswahl. Wir, die wir der weißen Rasse angehören, sind die Nachkommen von den tausend Generationen, die siegreich aus dem Kampf mit den mikroskopischen Organismen hervorgegangen sind. Jedesmal, wenn einer von uns mit einer Konstitution geboren wurde, die für diese kleinen Feinde besonders empfänglich war, starb er gleich. Nur die Widerstandsfähigen blieben am Leben. Wir, die wir am Leben geblieben, sind die Unempfänglichen, die Widerstandsfähigen – die, welche sich infolge ihrer Konstitution am besten dazu eignen, in der Welt der mikroskopischen Organismen zu leben. Ein solcher Auswahlprozeß ist unter den armen Bewohnern der Marquesas nicht erfolgt. Und sie, die die Gewohnheit hatten, ihre Feinde zu verzehren, werden jetzt von so winzigen Feinden verzehrt, daß sie unsichtbar und nicht mit Wurfspeeren und Pfeilen zu bekriegen sind. Hätte es aber von Anfang an ein paar hunderttausend Menschen auf den Marquesas gegeben, so wären Individuen genug übrig geblieben, um den Grund zu einer neuen Rasse zu legen – einer wiedergeborenen Rasse, wenn man es Wiedergeburt nennen kann, daß man in ein ätzendes Bad organischen Giftes gestürzt wird.

Wir sattelten unsere Pferde ab, da wir frühstücken wollten, und nachdem wir die Hengste – den meinen mit mehreren frischen Stichen im Rücken – auseinandergetrieben und einen vergeblichen Kampf mit den Sandfliegen geführt hatten, aßen wir Bananen und Büchsenfleisch, das wir mit reichlichen Mengen Kokosmilch hinunterspülten. Zu sehen gab es nicht viel. Der Urwald war wieder vorgedrungen und hatte die elende Arbeit der Menschen verschlungen. Hie und da gab es Pai-pais, über die wir stolperten, aber keine Inschriften, keine Hieroglyphen, nichts konnte uns etwas von der Vergangenheit, von der sie zeugten, erzählen – nur tote Steine, gemauert und zugehauen von Händen, die längst Staub geworden. Und aus den Pai-Pais wuchsen Bäume hervor, die in ihrer Eifersucht auf die von Menschenhänden verfertigte Arbeit die Steine zersplitterten und verstreuten, so daß wieder das Chaos der Urzeit herrschte.

Wir verließen den Urwald und begaben uns zum Bach

hinab, um auf diese Weise den Sandfliegen zu entgehen. Vergebliche Hoffnung! Um zu baden, muß man sich ausziehen. Das wissen die Sandfliegen sehr gut, und sie liegen in zahllosen Myriaden am Ufer. In der Sprache der Eingeborenen heißen sie Nau-nau. Ich kann ruhig behaupten, daß Omar Khayam sein Rubaiyat nie im Typeetal geschrieben hätte – das wäre psychologisch unmöglich gewesen. Ich beging den strategischen Fehler, mich auf einer Böschung zu entkleiden, von der aus ich tauchen, die ich aber nicht wieder hinaufklettern konnte. Als ich mich wieder ankleiden wollte, mußte ich hundert Meter am Ufer entlanggehen, bis ich zu meinen Kleidern kommen konnte. Beim ersten Schritt fuhren mindestens zehntausend Sandfliegen auf mich los. Beim zweiten ging ich wie in einer Wolke. Beim dritten verdunkelte sich die Sonne, und dann weiß ich nicht mehr, was geschah. Als ich zu meinem Zeug kam, war ich von Sinnen. Und jetzt kam mein großer taktischer Fehler. Es gibt nur eine Regel, wie man sich Sandfliegen gegenüber zu benehmen hat. Man darf nie nach ihnen schlagen. Was man sonst auch tut, nach ihnen schlagen darf man nicht. So boshaft sind sie, daß sie im Augenblick ihrer Vernichtung einem ihr letztes Atom Gift in den elenden Leib speien. Man muß sie vorsichtig zwischen Daumen und Zeigefinger fassen und ihnen freundlich zureden, damit sie einem ihren Schnauzenstengel aus dem zitternden Fleisch ziehen. Das ist ganz wie Zähneziehen. Die Schwierigkeit war nur, daß die Zähne schneller nachwuchsen, als ich sie ziehen konnte, und deshalb schlug ich nach ihnen, und weil ich das tat, wurde ich mit ihrem Gift ganz vollgepumpt. Das geschah vor einer Woche. Augenblicklich gleiche ich einem kläglich vernachlässigten Pockenkranken.

Ho-o-u-mi ist ein kleines, von Typee durch einen schmalen Gebirgsrücken getrenntes Tal, und dorthin zogen wir, als wir unsere unbezähmbaren, unersetzlichen Reitpferde so lange geprügelt hatten, bis es ihnen gefiel, uns zu gehorchen. Und da wählte Warrens Gaul, nachdem er eine Meile gelaufen war, das allergefährlichste Stück Weges zu einer Leistung, die uns gut fünf Minuten lang schöne Sorgen machte. Wir ritten am Eingang des Typeetales vorbei und sahen auf den Strand hinab, von dem Melville entkommen war. Dort hatte das Walboot dicht vor der Brandung gelegen, und dort hatte Melville Fayaway zum letztenmal umarmt, ehe er nach dem Boot lief. Und dort war die Landspitze, vor der Mehevi und Mow-mow mit ihrem Gefolge hinausschwammen, um dem Boot den Weg abzuschneiden, wobei sie sich aber nur die Hände an den Messern zerschnitten, als sie in die Reling griffen, während Mow-mow es erleben mußte, daß Melville ihm den Bootshaken in die Kehle hieb.
Wir ritten weiter nach Ho-o-u-mi. So sorgfältig war Melville bewacht worden, daß er nie etwas von der Existenz dieses Tales geahnt hatte, obgleich er die Einwohner, die zu Typee gehörten, oft getroffen haben muß. Wir ritten durch dieselben verlassenen Pai-pais, als wir uns aber dem Meer näherten, fanden wir eine Menge Kokospalmen, Brotfruchtbäume und Tarofelder sowie mindestens ein Dutzend Grashütten. Wir vereinbarten mit den Eingeborenen, daß wir in einer dieser Hütten übernachten wollten, und sofort wurden Vorbereitungen für einen großen Festschmaus getroffen. Ein Ferkel mußte das Leben lassen, und während es zwischen glühenden Steinen gebraten wurde und Hühner in Kokosnußmilch kochten, überredete ich einen von den Köchen, auf eine ungewöhnlich hohe

Kokospalme zu klettern. Die Nüsse hingen in einer Traube im Wipfel, reichlich hundertundfünfzig Fuß über dem Erdboden, aber der Eingeborene wanderte den Baum hinauf – griff um ihn mit beiden Händen, beugte sich in den Hüften, daß seine Fußballen flach am Stamm lagen, und dann ging er schnurstracks hinauf. Der Baumstamm hatte keine Absätze. Der Mann hatte keinen Strick zur Hilfe. Er spazierte hundertfünfundzwanzig Fuß senkrecht den Baum hinauf und schleuderte die Nüsse vom Wipfel herunter. Nicht alle von den Bewohnern hatten Rückgrat oder vielmehr Lunge genug für eine solche Leistung, denn die meisten von ihnen husteten, als sollten sie den Geist aufgeben. Einige von den Frauen klagten und stöhnten unaufhörlich, so verdorben waren ihre Lungen. Nur sehr wenige Männer und Frauen waren Vollbluteingeborene. Die meisten waren Mischlinge von Franzosen, Engländern und Chinesen. Bestenfalls hielt diese Zufuhr neuen Blutes nur den Tod hin, und wenn man die Ergebnisse sah, mußte man unwillkürlich daran denken, ob das nun auch der Mühe wert war.

Der Festschmaus wurde auf einem breiten Pae-pae serviert, und hinter diesem Pae-pae lag das Haus, wo wir schlafen sollten. Das erste Gericht bestand aus Fisch und Poi-poi, das einen schärferen und bittereren Geschmack hatte als das Poi-poi auf Hawaii, wo es aus Taro gemacht wird. Auf den Marquesas bereitet man Poi-poi aus Brotfrüchten. Nachdem das Kerngehäuse herausgenommen ist, legt man die reife Frucht in eine Kalabasse und zerstampft sie mit einem Steinstößel, bis alles zu einem klebrigen Brei wird. In diesem Stadium der Zubereitung kann es in Blätter verpackt und in die Erde gegraben werden, wo es sich viele Jahre lang frisch hält. Aber ehe man es essen kann, muß man es einem weiteren Prozeß unterziehen. Einer der in Blätter gewickelten Packen wird, ganz wie ein Schwein, zwischen warme Steine gelegt und gut durchgebacken. Dann wird es mit kaltem Wasser vermischt und verdünnt – nicht so weit, daß es flüssig wird, nur so, daß man Zeige- und Mittelfinger hineinstecken kann, um es zu essen. Wenn man sich etwas an den Geschmack gewöhnt, ist es eine angenehme und sehr gesunde Speise. Und reife oder gut gekochte oder gebratene Brotfrucht ist etwas Herrliches. Brotfrucht und Taro sind beides fürstliche Gemüse. Aber der Name Brotfrucht ist in Wirklichkeit mißweisend, denn sie erinnert eher an süße Kartoffeln, wenn sie auch nicht so mehlig und nicht so süß ist.

Als der Festschmaus vorbei war, sahen wir den Mond über Typee aufgehen. Die Luft war balsamisch, schwach von Blütenduft gewürzt. Ein Zauber war über den Abend gebreitet, eine Stille wie im Grabe, und nicht die leichteste Brise spielte im Laub. So schön war es, daß wir kaum zu atmen wagten. In der Ferne konnten wir das Poltern der Brandung am Strand hören. Decken gab es nicht, und wir schliefen, wo uns der Boden am weichsten schien. In unserer Nähe lag eine Frau, die im Schlaf stöhnte und jammerte, und rings lagen die sterbenden Insulaner und husteten die ganze Nacht.

DER NATURMENSCH

Zum erstenmal traf ich ihn in der Market Street in San Franzisko. Es war Nachmittag, und ein feiner Regen stäubte herab, aber er wanderte dahin, nur mit

Kniehosen und einem kurzen Hemd bekleidet, und seine bloßen Füße schwappten im Schmutz auf dem Bürgersteig. Dicht hinter ihm her trabte eine Schar aufdringlicher Straßenjungen, und jeder Kopf, es waren Tausende zur Stelle – drehte sich neugierig nach ihm um, als er vorbeiging. Auch ich drehte mich um. Nie hatte ich etwas so wunderbar Sonnenverbranntes gesehen. Er war über den ganzen Körper sonnenverbrannt, sonnenverbrannt wie blonde Menschen es werden, wenn ihre Haut sich abschält. Sein langes gelbes Haar war von der Sonne verbrannt, und ebenso sein Bart, der, von keinem Rasiermesser behindert, wuchs, wie er wollte. Er war ein rotbrauner Mann, ein golden-rotbrauner Mann, glühend und strahlend von Sonne. Da haben wir einen neuen Propheten, dachte ich, einen Propheten, der zur Stadt gekommen ist mit einem Evangelium, das die Welt erlösen soll.

Ein paar Wochen später besuchte ich einige Freunde auf ihrem Landsitz in den Piedmontbergen, wo man die Aussicht über die Bucht von San Franzisko hatte. »Wir haben ihn, wir haben ihn!« schnatterten sie. »Wir haben ihn auf einem Baum gefangen, aber jetzt ist er ganz vernünftig, er frißt aus der Hand. Komm mit und sieh ihn dir an!« Ich ging mit ihnen einen steilen Hang hinan, und dort, in einem baufälligen Schuppen inmitten eines Eukalyptushaines, fand ich meinen sonnenverbrannten Propheten aus den Straßen der Stadt.

Er kam uns eilig entgegen und schlug so viele Purzelbäume, daß man ihn kaum erwischen konnte. Er gab uns nicht die Hand, aber statt uns zu grüßen, wartete er uns mit einer ganzen Reihe von Kunststücken auf. Er schlug weitere Purzelbäume. Er wandte und drehte seinen Körper wie eine Schlange, bis er geschmeidig genug geworden war, und dann beugte er sich in den Hüften und schlug mit den Händen einen Zapfenstreich auf den Boden, wobei er mit geschlossenen Knien und gestreckten Beinen dastand. Er wirbelte herum wie ein berauschter Affe, und die ganze Sonnenwärme, eine Folge des intensiven Lebens, das er führte, strahlte von seinem Gesicht wider. Ich bin so glücklich, lautete das Lied ohne Worte, das er sang.

Er sang den ganzen Abend und begleitete alle Variationen mit einer Unendlichkeit von Kunststücken. »Ein Narr! Ein Narr! Ich habe einen Narren im Walde gefunden!« dachte ich. Und er war ein sehr guter Narr. Mitten unter seinen Purzelbäumen und Sprüngen lieferte er das Evangelium ab, das die Welt erlösen sollte. Es war ein doppeltes Evangelium. Erstens sollte der leidende Mensch die Kleider abwerfen und durch Täler und Berge laufen, zweitens sollte sich besagtes elendes Geschöpf eine phonetische Schreibweise angewöhnen.

Die Jahre verstrichen, und an einem sonnigen Morgen steckte die Snark ihre Nase durch die schmale Öffnung eines Riffs, durch die der Passat uns mit Rauch und Dampf entgegenfuhr, und segelte langsam in den Hafen von Papeete ein. Ein Boot mit einer gelben Flagge kam zu uns heraus. Wir wußten, daß es der Hafenarzt war, der in dem Boot saß. Aber ein gutes Stück hinter ihm kam ein winziges Auslegerkanu, und wir wußten nicht, was wir davon halten sollten. Es führte eine rote Flagge. Ich studierte es durch das Glas, denn ich fürchtete, daß es eine verborgene Gefahr für die Schiffahrt, ein Wrack, eine Boje oder einen fortgespülten Leuchtturm ankündigte. Dann kam der Arzt an Bord. Nachdem er unsern Gesundheitszustand untersucht und sich vergewissert hatte, daß wir keine Ratten an Bord der Snark hatten, fragte ich ihn, was die rote Flagge bedeutete. »Ach, das ist Darling!« lautete die Antwort. Und dann praite Darling uns. Ernest Darling, der die rote Flagge führte, das Symbol der Brüdergemeinschaft der Menschen. »Hallo, Jack!« rief er. »Hallo, Charmian!« Er näherte sich schnell, und ich sah, daß es der rotbraune Prophet aus den Piedmontbergen war. Er schwang sich über die Reling, ein Sonnengott mit einem scharlachroten Lendentuch, mit Grüßen und Geschenken aus Arkadien – einer Flasche goldenen Honigs, einem aus Blättern verfertigten Korb mit großen goldenen Mangos, goldenen Bananen mit noch goldeneren Flecken, goldenen Zitronen und saftigen Apfelsinen, die aus demselben kostbaren Metall wie Sonne und Erde gemünzt waren. Und so traf ich wiederum unter dem südlichen Himmel – Darling, den Naturmenschen.

Tahiti ist eins der schönsten Fleckchen der Erde, bewohnt von Dieben und Räubern und Lügnern und dazwischen vereinzelten ehrlichen und wahrheitsliebenden Männern und Frauen. Aber weil die wunderbare Schönheit Tahitis von dem menschlichen Gewürm, das es verpestet, verdorben wird, schreibe ich lieber über den Naturmenschen als über Tahiti. Er ist doch jedenfalls erfrischend und gesund. Der Geist, der einem von ihm entgegenströmt, ist so rein und schön, daß er die Gefühle keines Menschen verletzen würde, außer die eines raubgierigen Multimillionärs oder Aristokraten. Als wir ankerten, ein kleines Boot zu Wasser ließen und nach dem Lande ruderten, folgte uns der Naturmensch. »So!« dachte ich. »Jetzt wird mir dieser Tolle das Leben zum Leibe herausplagen. Bis zu unserer Abfahrt werde ich ihn Tag und Nacht nicht mehr los.«

Aber nie in meinem Leben habe ich mich gründlicher

geirrt. Ich mietete mir ein Haus und zog dorthin, um zu arbeiten, und der Naturmensch zeigte sich nicht. Er wartete auf eine Einladung. Inzwischen aber ging er an Bord der Snark, machte sich über die Bibliothek her und war begeistert über die vielen wissenschaftlichen Bücher und zornig – das erfuhr ich später – über den großen Haufen Romane. Der Naturmensch vergeudete keine Zeit auf Romane.

Als etwa eine Woche vergangen war, bekam ich Gewissensbisse und lud ihn zum Essen in einem Hotel der Stadt ein. Er kam und sah in seiner baumwollenen Jacke ungewöhnlich steif und ungeschickt aus. Als ich ihn aufforderte, die Jacke abzuwerfen, strahlte sein Gesicht vor Dankbarkeit und Freude, und er tat, wie ich sagte, wodurch seine sonnengoldene Haut vom Gürtel bis zur Schulter zum Vorschein kam, nur bedeckt von einem Stück Fischnetz aus groben Schnüren und mit weiten Maschen. Ein flammendrotes Lendentuch vervollständigte seine Kleidung. Unsere eigentliche Bekanntschaft begann an diesem Abend, und während meines langen Aufenthalts auf Tahiti entwickelte diese Bekanntschaft sich zur Freundschaft.

»Nun, Sie schreiben also Bücher?« sagte er eines Tages, als ich müde und verschwitzt die letzte Hand an die Morgenarbeit legte. »Ich schreibe auch Bücher«, erklärte er.

Aha, dachte ich, jetzt will er mich doch endlich mit seinen literarischen Arbeiten quälen. Meine Seele geriet in Aufruhr. Ich war nicht den weiten Weg nach der Südsee gereist, um literarisches Büro zu spielen. »Hier ist das Buch, an dem ich schreibe«, erklärte er und schlug sich mit der geballten Faust die Brust, daß es hallte. »Der Gorilla im Urwald schlägt sich die Brust, daß das Geräusch eine halbe Meile weit zu hören ist.«

»Ja, es ist eine prächtige Brust!« sagte ich bewundernd. »Sie könnte selbst einen Gorilla neidisch machen.«
Und bei einer späteren Gelegenheit hörte ich dann Einzelheiten über das wunderbare Buch, das Ernest Darling geschrieben hatte. Vor zwölf Jahren war er dem Tode nahe gewesen. Er wog nur noch neunzig Pfund und war zu schwach, um zu sprechen. Die Ärzte hatten ihn aufgegeben. Sein Vater, der praktischer Arzt war, hatte ihn aufgegeben. Andere Ärzte waren hinzugerufen, um sich über seinen Zustand auszusprechen. Es gab keine Hoffnung für ihn. Überanstrengung (als Lehrer an einer Schule und Student an einer Universität) und zweimal Lungenentzündung, eine nach der andern, waren schuld an seiner Krankheit. Tag für Tag ging es mit seinen Kräften mehr bergab. Er konnte aus der Nahrung, die man ihm gab, keinen Nährstoff ziehen; und weder Pillen noch Pulver konnten seinen Magen veranlassen, als Verdauungsorgan zu fungieren. Aber er war nicht nur ein physisches Wrack, sondern auch ein geistiges. Sein Gehirn war hoffnungslos überanstrengt. Er war krank und müde von Medizin und krank und müde von Menschen. Es reizte ihn, Menschen reden zu hören. Er geriet ganz außer sich, wenn Menschen freundlich zu ihm sein wollten. Da dachte er, wenn er doch sterben sollte, so könnte er es ebensogut im Freien, fern von allem, was ihn quälte und reizte. Und hinter diesem Gedanken lauerte eine Vorstellung, daß er vielleicht doch nicht sterben müßte, wenn er nur der schweren Nahrung, der Medizin und den wohlmeinenden Menschen, die ihn von Sinnen brachten, entwischen könnte.
Und so kam es, daß Ernest Darling, der nicht mehr war als ein Sack Knochen und ein Totenschädel, ein

wandelndes Skelett, in dem gerade noch so viel Leben war, daß es weiter wandeln konnte, daß Ernest Darling den Menschen und den Menschenwohnungen den Rücken kehrte, Portland und Oregon verließ und sich fünf Meilen weit durch den Wald schleppte. Selbstverständlich war eine Schraube bei ihm los. Nur ein Verrückter konnte sich von seinem Totenbett fortschleppen.

Aber im Walde fand Darling, was er suchte – nämlich Ruhe. Hier war niemand, der ihn mit Rind- und Schweinefleisch quälte. Hier gab es keine Ärzte, die seine müden Nerven mißhandelten, indem sie ihm den Puls fühlten oder seinen müden Magen mit Pillen und Pulvern peinigten. Er kam zur Ruhe. Die Sonne schien warm, und er genoß es, sich von ihr bescheinen zu lassen. Er hatte das Gefühl, daß Sonne das reine Lebenselixier war. Und es war, als forderte sein ganzes zerquältes Wrack von Körper laut Sonne. Er entkleidete sich und badete im Sonnenlicht. Er fühlte sich besser. Es hatte ihm gut getan – es war die erste Linderung, die er nach monatelangem Leiden fühlte.

Als er allmählich gesünder wurde, begann er zu bemerken, was sich um ihn her regte. Rings flogen die Vögel zwitschernd hin und her, und die Eichhörnchen plauderten und spielten. Er neidete ihnen ihre Gesundheit und ihre gute Laune und ihr glückliches, sorgloses Dasein. Daß er ihr Dasein mit seinem eigenen vergleichen mußte, war unvermeidlich, und daß er fragen mußte, warum sie so strahlend gesund waren, während er ein schwaches, vom Tode gezeichnetes Wrack war, das war ebenfalls unvermeidlich. Der Schluß, den er zog, war vollkommen einleuchtend: nämlich, daß sie ein natürliches Leben führten; und deshalb mußte er, wenn er leben wollte, zur Natur zurückkehren.

Allein im Wald kämpfte er mit seinem Problem und gelangte zu einem Ergebnis, das er sofort in die Praxis umsetzte. Er entkleidete sich, sprang und hüpfte umher, lief auf allen vieren und kletterte auf die Bäume – kurz, machte alle möglichen Kunststücke, während er ununterbrochen Sonnenschein einsog. Er ahmte die Tiere nach. Er baute sich ein Nest aus trockenen Blättern und Gras, wo er nachts schlafen konnte, und bedeckte es mit Rinden zum Schutz gegen die frühen Herbstregenschauer.

Er bemerkte, daß das Eichhörnchen ausschließlich von Früchten und Nüssen lebt. Er begann von Früchten und Nüssen und ein wenig Brot dazu zu leben, wurde stärker und nahm an Gewicht zu. Drei Monate lang führte er sein primitives Leben im Wald, dann aber trieb ihn der schwere Winterregen zurück in die Wohnungen der Menschen. Ein Mann mit einem Gewicht von neunzig Pfund, ein Mann, der zweimal Lungenentzündung gehabt und sie überstanden hat, kann unmöglich in drei Monaten so robust werden, daß er einen Winter in Oregon unter freiem Himmel zu überstehen vermag.

Er hatte keine andere Unterkunft als das Haus seines Vaters, und hier, wo er in geschlossenen Räumen leben mußte, die gleichsam nach frischer Luft schnappten, bekam er zum drittenmal Lungenentzündung. Er wurde schwächer als er je gewesen, und in diesem wankenden Tempel des Fleisches weigerte sich selbst sein Hirn zu fungieren. Er lag wie eine Leiche da, zu schwach, um sprechen zu können, zu gereizt und müde in seinem zerquälten Hirn, um sich darum zu kümmern und darauf zu hören, was andere sagten. Die einzige größere Willensentfaltung, die er vornehmen konnte, war, daß er sich die Finger in die Ohren steckte und sich resolut weigerte, auch nur ein einziges Wort von dem zu hören, was man ihm sagte. Man schickte nach Irrenärzten, erklärte ihn für geisteskrank, und gab dazu das Urteil ab, daß er keinen Monat mehr zu leben hätte.

Aber einer der Spezialisten, die ihn behandelten, schickte ihn in ein Sanatorium auf dem Mt. Tabor, und da man hier zu dem Ergebnis kam, daß er ungefährlich war, ließ man ihn tun, was er wollte. Man schrieb ihm nicht mehr vor, was er essen sollte, und so ging er wieder zu seinem Obst und seinen Nüssen über. Von jetzt an bildeten Olivenöl, Erdnußbutter und Bananen die Hauptbestandteile seiner Nahrung. Als er allmählich kräftiger wurde, beschloß er, in Zukunft sein eigenes Leben zu leben. Wenn er wie andere Menschen nach den allgemeinen Vorschriften der Gesellschaft lebte, war es sicher, daß er sterben mußte. Und er wollte nicht sterben. Die Furcht vor dem Tode war einer der stärksten Faktoren in der Daseinsgeschichte des Naturmenschen. Um zu leben, mußte er essen, was die Natur vorschrieb, und er mußte frische Luft und den gesegneten Sonnenschein Gottes haben. Aber ein Winter in Oregon ist nicht gerade verlockend für Leute, die zur Natur zurückkehren wollen, und deshalb zog Darling aus, um ein besseres Klima zu finden. Er setzte sich auf sein Fahrrad und fuhr nach den Sonnenländern. An der Stanford-Universität war er ein ganzes Jahr. Er studierte, arbeitete gleichzeitig für seinen Unterhalt und hörte Vorlesungen in so spärlicher Bekleidung, wie man es ihm erlaubte, während er so weit wie möglich nach den Prinzipien lebte, die er sich in der Eichhörnchenstadt angeeignet hatte. Am liebsten studierte er, indem er in die Berge hinter der Universität wanderte, die Kleider abwarf, sich ins

Gras legte und gleichzeitig Sonnenschein, Gesundheit und Kenntnisse eintrank. Aber Mittelkalifornien hat seinen Winter, und so zog er weiter, um ein für einen Naturmenschen passendes Klima zu finden. Er versuchte es in Los Angeles und Südkalifornien, wurde aber ein paarmal verhaftet und Kommissionen für Geisteskranke vorgeführt, weil, nun ja, weil er eben anders lebte als andere Menschen. Er versuchte es in Hawaii, wo die Behörden ihn, da sie ihm keine Geisteskrankheit nachweisen konnten, auswiesen. Es war keine eigentliche Ausweisung. Er hätte bleiben können, wenn er ein Jahr im Gefängnis gesessen hätte. Sie ließen ihm die Wahl. Aber Gefängnis bedeutet den Tod für einen Naturmenschen, der nur in der frischen Luft und im klaren Sonnenschein Gottes gedeihen kann. Man kann die Behörden von Hawaii nicht tadeln. Darling war kein besonders angenehmer Mitbürger. Niemand ist ein angenehmer Mitbürger, der mit den Prinzipien der Gesellschaft in Streit liegt.

So reiste Darling denn weiter, ein passendes Klima zu suchen, und er fand es in Tahiti, dem Garten aller Gärten. Und so, wie ich es erzählt habe, ging es also zu, daß er sein Buch schrieb. Seine Kleidung besteht nur aus einem Lendentuch und einem ärmellosen, aus einem Fischernetz verfertigten Hemd. Ohne Kleider wiegt er hundertundfünfundsechzig Pfund. Seine Gesundheit ist glänzend. Seine Augen, die früher einmal für hoffnungslos galten, sind jetzt ausgezeichnet. Die Lunge, die von der dreifachen Lungenentzündung vollkommen verdorben war, hat jetzt nicht nur ihre Schwäche überwunden, sondern ist stärker als je. Nie werde ich vergessen, wie er das erstemal, als er mit mir sprach, einen Moskito zerquetschte. Das stechende, höchst unangenehme Insekt hatte sich mitten auf seinen Rücken zwischen die Schulterblätter gesetzt. Ohne den Strom seiner Rede zu unterbrechen, ja, ohne auch nur eine Silbe zu überspringen, hob er die breite Faust, krümmte den Arm nach hinten und schlug sich auf den Rücken, was den Moskito erledigte und seine ganze Gestalt wie eine Pauke dröhnen ließ. Es erinnerte mich an ein Pferd, das seinen Stand mit Huftritten bearbeitet.

»Der Gorilla im afrikanischen Urwald schlägt sich die Brust, daß man es eine halbe Meile weit hören kann«, konnte er plötzlich rufen, wobei er auf seine eigene Brust loszutrommeln begann.

Eines Tages sah er an der Wand ein paar Boxerhandschuhe, und seine Augen leuchteten.

»Boxen Sie?« fragte ich.

»In Stanford unterrichtete ich im Boxen«, lautete die Antwort.

Und da warfen wir die Kleider ab und zogen uns die Boxerhandschuhe an. Hui! Ein langer Gorillaarm schoß blitzschnell vor, und die behandschuhte Hand landete auf meiner Nase. Hui! Ich duckte mich, erhielt aber einen Schlag von ihm in die Seite, daß ich fast zu Boden taumelte. Ich lief noch eine ganze Woche mit einer Beule herum. Ich duckte mich und richtete einen heftigen Schlag gegen seinen Bauch. Es war wirklich ein schrecklicher Schlag. Ich hatte all meine Kräfte hineingelegt, und ich traf ihn, als er gerade zustoßen wollte. Ich erwartete, daß er zusammenknicken und umfallen sollte. Statt dessen strahlte sein Gesicht vor wohlwollender Anerkennung, und er sagte: »Das war hübsch!« Und im nächsten Augenblick mußte ich mich in Verteidigungsstellung gegen einen wahren Sturmwind von Ausfällen und Hieben zu schützen versuchen. Dann wartete ich eine Gelegenheit ab und schlug nach sei-

nem Solarplexus. Ich traf ihn genau. Der Naturmensch ließ die Arme sinken, schnappte nach Luft und setzte sich plötzlich hin.
»Es ist nichts«, sagte er, »warten Sie nur einen Augenblick!«
Und dreißig Sekunden darauf war er wieder auf den Beinen – und er revanchierte sich und traf meinen Solarplexus, daß ich nach Luft schnappte, die Arme sinken ließ und mich ein bißchen plötzlicher setzte, als er es getan hatte.
Alles dies führe ich als Beweis dafür an, daß der Mann, mit dem ich boxte, sich sehr von dem elenden Geschöpf mit seinen neunzig Pfund unterschied, daß er vor acht Jahren von praktischen und Irrenärzten aufgegeben war und in einem verschlossenen Zimmer in Portland, Oregon, mit dem Tode rang. Das Buch, das Darling geschrieben hat, ist ein gutes Buch und auch gut eingebunden.
Als er nach Tahiti kam, begann er sich gleich nach einem Stück Boden umzusehen, wo er die Nahrung, die er brauchte, anbauen konnte. Aber es war schwer, ein Stückchen Erde, d. h. billige Erde zu finden, denn der Naturmensch war kein Millionär. Mehrere Wochen lang wanderte er auf den steilen Höhenzügen umher, bis er hoch oben in den Bergen, wo mehrere winzige Canyons zusammenstießen, achtzig Morgen Wald fand, die offenbar niemand gehörten. Die Regierungsbeamten sagten, wenn er das Land droben dreißig Jahre lang bebaute, sollte es ihm gehören. Er machte sich gleich an die Arbeit, und nie ist ein solches Stück Arbeit geleistet worden. Die Erde war von fast undurchdringlichem Buschwerk bedeckt und vollkommen von Wildschweinen und zahllosen Ratten überschwemmt. Die Aussicht über Papeete und das Meer

war prachtvoll, sonst aber waren die Aussichten es keineswegs. Er brauchte mehrere Wochen, um sich einen Weg anzulegen, so daß er das bepflanzte Terrain erreichen konnte. Schweine und Ratten verzehrten alles, was er pflanzte, und zwar ebenso schnell, wie es sproß. Er schoß die Schweine und fing die Ratten in der Falle. An Ratten fing er im Laufe von zwei Wochen fünfzehnhundert. Alles mußte er auf dem Rücken tragen. Seine Packpferdearbeit verrichtete er in der Regel des Nachts.

Allmählich aber kam er hoch. Er baute sich ein Haus aus Grasboden. Auf dem fruchtbaren vulkanischen Boden, den er dem Dschungel und den Tieren des Dschungels entrissen hatte, wuchsen fünfhundert Kokospalmen, fünfhundert Mangobäume, viele Brotfruchtbäume und Alligatorbirnenbäume, gar nicht zu reden von Weinstöcken, Büschen und Gemüse. Er leitete das Wasser von den Höhenzügen in den Canyon, indem er das Wasser von Canyon zu Canyon führte und parallele Gräben in verschiedenen Höhen anlegte. Seine engen Canyons wurden die reinen botanischen Gärten. Die trockenen Felsvorsprünge, wo früher die brennende Sonne den Dschungel am Boden abgesengt hatte, waren jetzt von Bäumen, Sträuchern und Blumen bedeckt. Der Naturmensch war nicht nur imstande, sich selbst zu ernähren, er wurde ein wohlhabender Handelsgärtner, der den Städtern in Papeete Ware verkauft. Da entdeckte man, daß das Land, das der Regierungsbeamte für herrenlos angesehen hatte, in Wirklichkeit einen Besitzer hatte, und daß Hypotheken usw. darauf ruhten. Es sah aus, als sei seine Arbeit umsonst gewesen. Der Boden war wertlos gewesen, als er ihn zu bebauen begann, und der Besitzer, ein großer Grundeigentümer, wußte nichts davon, wie sehr der Naturmensch ihn allmählich verbessert hatte. Man einigte sich auf einen vernünftigen Preis, und das Besitzrecht Darlings wurde eingetragen.

Aber es kam ein noch schwererer Schlag. Der Weg, den er angelegt hatte, wurde mit dreifachen Stacheldrahtzäunen abgesperrt. Es war einer der so häufigen sinnlosen Eingriffe in die Angelegenheiten der Menschen. Der Weg, den der Naturmensch angelegt hat, ist heute noch gesperrt. Aber der Naturmensch singt und tanzt durchs Leben. Er hat keine Zeit, bitter zu werden. Er glaubt, daß er in die Welt gesetzt ist zu dem Zweck, glücklich zu sein, und er hat nicht eine Minute auf eine andere Beschäftigung zu vergeuden.

Man hat ihn auf einen Wildschweinwechsel beschränkt, der auf den steilen Bergeshang hinaufführt. Ich kletterte mit ihm den Pfad hinan, und wir mußten auf Händen und Füßen kriechen, um hinaufzugelangen. Und der Wildschweinwechsel kann trotz aller Arbeit nicht zu einem ordentlichen Weg gemacht werden, es sei denn, man hätte einen Ingenieur, eine Dampfmaschine und Hängebrücken zur Verfügung. Aber was macht sich der Naturmensch daraus? So milde ist seine ethische Anschauung, daß er das Böse, das ihm die Menschen antun, mit Gutem vergilt. Und wer wagt zu sagen, daß er nicht glücklicher sei als sie?

»Machen Sie sich nichts aus dem schlechten Weg!« sagte er zu mir, als wir auf einen Felsblock kletterten und uns setzten, um Luft zu schöpfen und uns auszuruhen. »Ich werde bald ein Flugzeug verfertigen und die Leute anführen. Ich rode schon einen Fleck zum Flughafen, und wenn Sie wieder nach Tahiti kommen, können Sie direkt vor meiner Tür aussteigen.« Ja, der Naturmensch hat noch andere merkwürdige Ideen als die, sich die Brust zu schlagen wie ein Gorilla im afrikanischen Urwald. Der Naturmensch hat seine eigenen Ideen vom Fliegen.

»Wenn man sich denkt«, sagt er, »wie herrlich es sein muß, sich durch eine bewußte Willensanspannung vom Boden zu erheben. Ja, nicht wahr? Die Astronomen sagen, daß unser Sonnensystem bald verbraucht ist, und daß es, wenn nichts Unerwartetes geschieht, so kalt werden wird, daß kein Lebewesen hier gedeihen kann. Schön! Dann werden alle Menschen tüchtige Flieger sein, und sie werden diesen schlechten Planeten verlassen und sich freiere Welten suchen. Wie kann man fliegen lernen? Durch fortschreitendes Hasten, ja, ich habe es versucht, und wenn ich fertig war, konnte ich direkt merken, daß ich leichter wurde.«

Der Mann ist verrückt.

»Selbstverständlich«, fügte er hinzu, »ist das nur eine Theorie von mir. Ich denke gern über die strahlende Zukunft des Menschengeschlechtes nach. Es ist möglich, daß wir nicht fliegen lernen werden, aber ich finde es so nett, sich die Möglichkeit zu denken.«

Als er eines Abends gähnte, fragte ich ihn, wieviel Schlaf er sich gönnte.

»Sieben Stunden«, antwortete er. »Aber in zehn Jahren werde ich nur sechs Stunden und in zwanzig Jahren nur fünf Stunden schlafen. Verstehen Sie, mit jedem Jahrzehnt will ich eine Stunde weniger schlafen.«

»Wenn Sie hundert Jahre alt werden, wollen Sie also gar nicht mehr schlafen«, warf ich ein.

»Nein, eben! Wenn ich hundert Jahre alt werde, brauche ich keinen Schlaf mehr. Und dann will ich auch von Luft leben. Es gibt Pflanzen, die von Luft leben, wie Sie wohl wissen.«

Ich fürchte, daß der Naturmensch ein Witzbold ist. Aber sicher ist, daß er das »primitive Leben« führt.

Seine Wäscherechnung kann nicht groß sein. In seiner Plantage lebt er von Früchten, deren Selbstkosten, nach dem Arbeitslohn berechnet, auf fünf Cent täglich veranschlagt werden können. Augenblicklich wohnt er in der Stadt, weil ihm der Weg versperrt ist, und seine Ausgaben belaufen sich einschließlich Miete auf fünfundzwanzig Cent täglich. Um diese Ausgaben zu bestreiten, hat er eine Abendschule für Chinesen eingerichtet.

Der Naturmensch ist nicht eigentlich Fanatiker. Wenn es nichts Besseres zu essen gibt als Fleisch, so ißt er eben Fleisch, wie zum Beispiel im Gefängnis oder an Bord eines Schiffes, wenn Nüsse und Früchte ausgehen. Ach ja, Ernest Darling, Sonnenanbeter und Naturmensch, es gibt Zeiten, da ich nicht anders kann, als dich und dein sorgloses Dasein beneiden. Ich sehe dich tanzend die Treppe heraufkommen und auf der Veranda herumspringen. Dein Haar trieft von Wasser, weil du im salzigen Meer getaucht hast; deine Augen leuchten, dein sonnengoldener Körper schimmert, und deine Brust hallt wider wie eine Trommel, wenn du darauf hämmerst und singst: »Der Gorilla im afrikanischen Urwald schlägt sich die Brust, daß das Geräusch eine halbe Meile weit zu hören ist.« Und ich werde dich immer sehen, wie ich dich an dem letzten Tage sah, als die Snark auf das rauchende Riff zufuhr und ich denen, die an der Küste standen, Lebewohl winkte. Ja, und mein Abschiedsgruß galt nicht zum wenigsten dem goldenen Sonnengott, der in dem scharlachroten Lendentuch hochaufgerichtet in seinem kleinen Auslegerkanu stand.

DER HOCHSITZ DES ÜBERFLUSSES

»Wenn Fremde kommen, so bemüht sich jedermann, sich mit ihnen zu befreunden, und nimmt sie mit in seine Wohnung, wo sie mit größter Freundlichkeit von den Einwohnern des Distrikts behandelt werden, die sie auf den Hochsitz setzen und mit einem Überfluß der besten Speisen bewirten.«

(Polynesian Researches)

Die Snark ankerte in Raiatea, gerade vor dem Dorf Uturoa. Sie war am Abend zuvor bei Einbruch der Dunkelheit angekommen, und wir machten uns jetzt bereit, unsern ersten Besuch an Land abzustatten. Früh am Morgen hatte ich ein winziges Auslegerkanu gesehen, das mit einem ganz unmöglichen Sprietsegel über die Oberfläche der Lagune flog. Das Kanu war aus einem ausgehöhlten Holzstamm verfertigt und hatte die Form eines Sarges. Es war vierzehn Fuß lang, kaum zwölf Zoll breit und vielleicht vierundzwanzig Zoll hoch. Linien hatte es nicht, abgesehen davon, daß es an beiden Enden spitz war. Seine Seiten waren vollkommen senkrecht, ohne den Ausleger wäre es im Laufe einer Zehntelsekunde von selber gekentert. Der Ausleger hielt es im Gleichgewicht.

Ich sagte, daß das Segel vollkommen unmöglich war. Das war es wirklich. Es gehörte zu den Dingen, die man sehen muß, um sie zu glauben, die man aber nicht glauben kann, wenn man sie sieht. Die Masthöhe und der Baum waren an sich schon schrecklich; als wenn das aber nicht genügt hätte, hatte der Hersteller es mit einem mächtigen Topp versehen. So groß war der Topp, daß kein gewöhnliches Sprietsegel den Druck einer gewöhnlichen Brise vertragen hätte. Folglich war ein Baum an das Kanu gezurrt, der achtern über das Wasser hinausging. Daran war eine Sprietwand befestigt, so daß das Segel unten von der Großschot und die Piek von der Sprietwand festgehalten wurde.

Es war kein Boot, es war kein Kanu, es war eine Segelmaschine, und der Mann, der darin saß, segelte sie mit seinem Gewicht und seinen Nerven – namentlich mit letzteren. Ich sah das Kanu aus Lee kommen und auf das Dorf zu halten, und der einzige Mann darin saß weit draußen auf dem Ausleger und luvte und killte das Segel im Wind.

»Das weiß ich jedenfalls«, erklärte ich; »ich verlasse Raiatea nicht, ehe ich eine Fahrt in dem Kanu gemacht habe.«

Ein paar Minuten später rief Warren die Kajüttreppe hinunter: »Da ist das Kanu, von dem Sie sprachen.«

Ich eilte an Deck und begrüßte den Besitzer des Kanus, einen hochgewachsenen, schlanken Polynesier mit freimütigem Gesicht und klaren, funkelnden Augen. Er trug ein knallrotes Lendentuch und einen Strohhut. In beiden Händen hielt er Geschenke – einen Fisch, ein Bündel Gemüse und ein paar riesige Yams. Und nachdem ich alles das mit einem Lächeln (das immer noch gangbare Münze an einsamen Stellen in Polynesien ist) anerkannt und ein über das andere Mal ein mauruuru (der tahitanische Ausdruck für »danke«) wiederholt hatte, begann ich ihm durch Zeichen begreiflich zu machen, daß ich Lust hätte, eine Fahrt in seinem Kanu zu machen.

Sein Gesicht leuchtete vor Freude, und er sagte das eine Wort: »Tahaa«, während er sich gleichzeitig umwandte und auf die hohen, mit Wolken bedeckten Bergzinnen einer drei Meilen entfernten Insel wies – es war die Insel Tahaa. Wir hatten guten Wind hin-

über, aber Gegenwind für die Rückfahrt. Ich hatte nicht viel Lust, nach Tahaa zu fahren. Ich mußte in Raiatea Briefe abliefern und mit Behörden reden, und Charmian bereitete sich in der Kajüte schon vor, an Land zu gehen. Ich machte ihm durch Zeichen begreiflich, daß ich eine kleine Fahrt auf der Lagune zu unternehmen wünschte. Sofort trat in sein Gesicht ein Ausdruck der Enttäuschung, der aber gleich wieder verschwand, und lächelnd ging er auf meinen Wunsch ein.
»Komm mit auf eine Segelfahrt«, rief ich Charmian hinunter. »Aber nimm deinen Badeanzug. Es wird eine nasse Geschichte.«
Es war nicht wirklich. Es war ein Traum. Das Kanu glitt wie ein Silberstreifen über das Wasser dahin. Ich kletterte auf den Ausleger und gab den Ballast ab, um ihn unten zu halten, während Tehei die Nerven abgab. Wenn Windstöße kamen, kletterte auch er ein Stück auf den Ausleger hinaus; gleichzeitig steuerte er mit einem großen Ruder, das er mit beiden Händen faßte, und hielt die Großschot mit einem Fuß fest.
»Ready about!« rief er.
Ich kletterte vorsichtig an Bord, um das Gleichgewicht zu bewahren, während das Segel im Wind flatterte.
»Hard a-lee!« rief er und ging in den Wind.
Ich glitt nach der entgegengesetzten Seite über das Wasser und setzte mich auf eine Spiere, die quer über dem Kanu festgezurrt war, und wir gingen über Stag.
»All right!« sagte Tehei.
Diese drei Sätze »Ready about«, »Hard a-lee« und »All right« bildeten Teheis gesamten englischen Wortschatz, und das gab mir den Verdacht ein, daß er irgendwann einmal unter einem amerikanischen Schiffer in einer Kanakenbesatzung gefahren war. Zwischen

den Windstößen machte ich ihm Zeichen und wiederholte fragend das Wort »sailor«. Dann versuchte ich es in entsetzlichem Französisch. »Marin« gab ihm offenbar keine Vorstellung und »matelot« auch nicht. Entweder war mein Französisch zu schlecht, oder er verstand es nicht. Später kam ich zu dem Ergebnis, daß beides der Fall war. Endlich begann ich die Inseln in der Nähe zu nennen. Er gab durch ein Nicken zu erkennen, daß er dort gewesen war. Als ich zu Tahiti kam, ging ihm auf, wo ich hinwollte. Seine Gedanken arbeiteten beinahe sichtbar, und es war eine wirkliche Freude, ihn denken zu sehen. Ja, er hatte auf Tahiti gelebt, und er fügte selbst die Namen von Inseln wie Tikihau, Rangiroa und Fakarava hinzu, woraus hervorging, daß er ganz drüben bei den Paumotus gewesen war – aller Wahrscheinlichkeit nach als Matrose auf einer Handelsschaluppe.

Als wir nach unserer kurzen Segelfahrt wieder an Bord der Snark waren, forschte er durch Zeichen nach ihrem Bestimmungsort, und als ich Samoa und die Fidschi-Inseln, Neuguinea, Frankreich, England und San Franzisko in ihrer geographischen Reihenfolge genannt hatte, sagte er »Samoa« und machte mir durch Zeichen begreiflich, daß er gern mitfahren wollte. Worauf ich die größte Mühe hatte, ihm zu erklären, daß wir keinen Platz für ihn hatten. Es gelang mir schließlich, mit »petit bateau«, und wieder trat der enttäuschte Ausdruck in sein Gesicht, um gleich darauf einem Lächeln zu weichen, welches besagte, daß er sich ja in sein Schicksal finden müsse, worauf er wieder seine Einladung, ihn nach Tahaa zu begleiten, vorbrachte.

Charmian und ich sahen uns an. Wir waren immer noch sehr guter Laune nach der unternommenen Segelfahrt. Vergessen waren die Briefe nach Raiatea und die Behörden, mit denen wir sprechen sollten. Schuhe, ein Hemd, ein Paar Hosen, Zigaretten, Streichhölzer und ein Buch zum Lesen wurden in größter Eile in eine Biskuitdose gestopft, die wiederum in ein Stück Wachstuch eingepackt wurde, und dann kletterten wir in das Kanu.

»Wann können wir Sie erwarten?« rief Warren, als der Wind das Segel füllte, und Tehei und ich blitzschnell auf den Ausleger kletterten.

»Das weiß ich nicht«, antwortete ich. »Wenn wir wiederkommen, mehr kann ich nicht sagen.«

Und fort ging es. Es hatte zu wehen begonnen, und mit nachgelassenen Schoten liefen wir vor dem Wind. Das Kanu ragte nur zweieinhalb Zoll über das Wasser hinaus, und die kleinen Wellen überspülten es beständig. Wir mußten schöpfen. Aber schöpfen ist nun einmal eine der wichtigsten Beschäftigungen für eine Vahine. Vahine ist das tahitanische Wort für Frau, und da Charmian die einzige Frau an Bord war, mußte sie natürlich schöpfen. Tehei und ich konnten es nicht gut tun, da wir beide draußen auf dem Ausleger wippten und genug damit zu tun hatten, das Boot im Gleichgewicht zu halten. Folglich mußte Charmian mit einer sehr primitiven Holzkelle schöpfen, und das tat sie so gut, daß sie sich streckenweise ausruhen konnte.

Raiatea und Tahaa sind einzig in ihrer Art, denn sie sind von einem und demselben Korallenriff umschlossen. Beides sind vulkanische Inseln mit unebenen Konturen und himmelanstrebenden Berggipfeln und Minaretts. Da Raiatea 30 und Tahaa 15 Meilen im Umkreis mißt, kann man sich vorstellen, wie groß das Riff ist, das sie umgibt. Zwischen ihnen und dem Riff bildet das Wasser eine ein bis zwei Meilen breite schöne

Lagune. Die mächtigen Südseewogen, die in ungebrochenen, ein bis anderthalb Meilen langen Gliedern gegen das Riff anstürmen, heben sich hoch darüber und fallen mit mächtigem Krachen nieder, und doch widerstehen die gebrechlichen Korallenberge dem Stoß und schützen das Land. Draußen lauert die Vernichtung selbst auf die mächtigsten Schiffe, die das Meer befahren. Drinnen ist vollkommen ruhiges Wasser, wo ein Kanu wie das unsere mit einem Freibord von nur wenigen Zoll fahren kann.

Wir schossen über das Wasser dahin. Und über welches Wasser! – so klar wie das reinste Quellwasser, so durchsichtig wie Kristall in seiner Klarheit und durchwebt vom Einschlag einer wahnsinnigen Farbenpracht und von Regenbogenstrahlen, die prachtvoller strahlten als je ein Regenbogen. Tiefgrün wechselte mit Türkisblau, Pfauenblau mit Smaragdgrün, während das Kanu bald über rotviolette, bald über blendend schneeweiße Teiche mit einem Boden aus feingemahlenem Korallensand dahinflog, aus dem mächtige Meeresschnecken gleichsam hervorquollen. Den einen Augenblick befanden wir uns über einem wunderbaren Korallengarten, wo vielfarbige Fische sich wie flatternde Seeschmetterlinge tummelten, den nächsten Augenblick schossen wir über das dunkle Wasser dahin, das tiefe Kanäle verkündete, aus denen ganze Scharen fliegender Fische sich in silberglänzendem Flug erhoben, und dann wieder befanden wir uns in andern Gärten aus lebenden Korallen, einer immer wunderbarer als der andere. Und über alledem wölbte sich der Tropenhimmel mit den leichten Wolken, die vom Passatwind über den Zenit getrieben wurden und sich als weiche Massen am Horizont auftürmten. Ehe wir es gewahr wurden, waren wir dicht bei Tahaa, und Tehei lächelte anerkennend, als er sah, wie tüchtig die Vahine schöpfte. Zwanzig Fuß vom Land entfernt scheuerte das Kanu auf den Grund, und wir wateten an die niedrige Küste über einen weichen Sandboden, wo sich große Schnecken unter unseren Füßen wanden und krümmten und kleine Tintenfische sich, wenn man auf sie trat, durch ihre ungeheure Weichheit bemerkbar machten. Dicht am Ufer, zwischen Kokospalmen und Bananenbäumen, lag Teheis Haus, aus Bambusrohr auf Pfählen erbaut und mit einem grasbedeckten Dach. Aus dem Haus kam die Vahine Teheis, eine winzige schlanke Frau mit sanften Augen und mongolischen Zügen – wenn sie nicht eher an eine nordamerikanische Indianerin erinnerte. »Bihaura« nannte Tehei sie.

Sie nahm Charmian bei der Hand und führte sie ins Haus – Tehei und ich mochten folgen, wenn wir wollten. Im Haus wurde uns durch unverkennbare Zeichen bedeutet, daß alles, was sie besäßen, unser war. Kein Hidalgo ist je freigebiger in seinen Versicherungen gewesen. Wir merkten bald, daß wir keines ihrer Besitztümer bewundern durften, denn sobald wir das taten, schenkten sie es uns. Die zwei Vahinen begannen, wie Vahinen pflegen, zu diskutieren und verschiedenerlei weiblichen Putz zu untersuchen, während Tehei und ich als echte Männer uns Angelgeräte und Waffen für die Wildschweinjagd besahen und uns über die pfiffige Art unterhielten, Boniten mit vierzig Fuß langen Stangen von doppelten Kanus aus zu fangen. Charmian bewunderte einen Nähkorb, das schönste Stück polynesischer Korbmacherarbeit, das sie je gesehen; er gehörte ihr. Ich bewunderte einen aus einem Stück Perlmutter geschnitzten Bonitenhaken; er war mein. Charmian fühlte sich stark angezogen von einer Rolle kunstfertigen Strohgeflechts von 30 Fuß Länge, hinreichend für einen Hut von jeder beliebigen Form; das Strohgeflecht gehörte ihr. Mein Blick ruhte auf einem Poi-Stößer, der aus der Steinzeit herrührte; er war mein. Charmian verweilte etwas zu lange bei einer Poi-Schale von der Form eines Kanus, mit vier Beinen und aus einem Stück Holz geschnitzt; sie gehörte ihr. Ich sah zweimal eine mächtige, aus einer Kokosnuß verfertigte Kalabasse an; sie war mein. Dann hielten Charmian und ich eine Konferenz ab, in der wir beschlossen, nichts mehr zu bewundern – nicht, weil es sich nicht lohnte, sondern weil es sich zu gut lohnte. Und wir zerbrachen uns schon die Köpfe, was wir an Bord der Snark hätten, um uns zu revanchieren. Weihnachten ist eine Kleinigkeit im Vergleich mit einer polynesischen Bescherung.

Wir saßen auf der kühlen Veranda auf Bihauras bester Matte, während das Mittagessen zubereitet wurde, und wurden den Einwohnern des Dorfes vorgestellt. Sie kamen zu zweien und in kleinen Gruppen, gaben uns die Hand und sprachen den tahitanischen Gruß – Jorana. Die Männer, große starke Burschen, trugen Lendentücher, hin und wieder auch Röcke, während die Frauen den allgemein gebräuchlichen Ahu trugen, eine Art Schürze für Erwachsene, die in anmutigen Falten von den Schultern herabfällt und fast die Erde berührt. Es war traurig, wie stark einige von ihnen von der Elefantiasis angegriffen waren. Da konnte man eine Frau von prachtvoller Gestalt und mit einer Haltung wie eine Königin sehen, aber verunstaltet durch einen Arm, der viermal so dick wie der andere war. Und neben ihr konnte ein sechs Fuß hoher, aufrechter, bronzebrauner Mann von einer Gestalt wie ein Gott stehen, aber mit Füßen und Schenkeln, die so geschwollen waren, daß sie unförmige, entsetzliche Pfosten bildeten, die Elefantenbeinen glichen.

Krankheiten wie Elefantiasis und Aussatz stecken anscheinend durch Berührung nicht an. Wir sahen eine Raratongafrau mit geschwollenen, Entsetzen erregenden Gliedern unsere Kokosmilch auspressen, und dann gingen wir in die Küche, wo Tehei und Bihaura das Mittagessen zubereiteten. Und dann wurde es auf einer Kiste im Haus angerichtet. Unsere Wirte warteten, bis wir fertig waren und aßen selbst auf dem Fußboden. Aber welches Essen wir bekamen! Wahrlich, wir saßen auf dem Hochsitz des Überflusses! Zuerst gab es herrlichen Fisch, der vor einigen Stunden im Meer gefangen war und unterdessen in mit Wasser verdünntem Zitronensaft gelegen hatte. Dann kamen gebratene Küken. Kokosmilch, die einen scharfen, süßen Geschmack hatte, diente als Getränk. Dann gab es Bananen, die wie Erdbeeren schmeckten und auf der Zunge schmolzen, und Bananen-Poi, das einen bedauern ließ, daß unsere Yankee-Vorfahren je Puddings gemacht hatten. Dann gab es gekochten Yams, gekochten Taro und geröstete Feis, die in Wirklichkeit eine Art mehliger, saftiger, roter Kochbananen waren. Wir wunderten uns über diesen Überfluß, und während wir uns noch wunderten, wurde ein Ferkel hereingetragen, ein ganzes Spanferkel, in grüne Blätter eingewickelt und zwischen warmen Steinen gebraten, die bei den Eingeborenen als Ofen dienen, das gesuchteste und vornehmste Gericht, welches die polynesische Küche zu bieten hat. Und dann kam Kaffee, schwarzer Kaffee, begeisternder Kaffee, einheimischer, auf den Berghängen Tahaas gezogener Kaffee.

Die Angelgeräte Teheis interessierten mich in hohem Maß, und nachdem wir verabredet hatten, daß wir zum Fischen hinausfahren wollten, beschlossen Charmian und ich, die ganze Nacht zu bleiben. Wieder nannte Tehei Samoa, und wieder rief mein »Petit bateau« den enttäuschten, aber resigniert lächelnden Ausdruck auf seinem Gesicht hervor. Mein nächster Hafen war Bora Bora. Es war nicht weiter dorthin, als daß ein Kutter die Reise von dort nach Raiatea und zurück machen konnte, und ich lud Tehei ein, mit uns zu fahren. Da erfuhr ich, daß seine Frau in Bora Bora geboren war und ein Haus dort besaß. Sie wurde ebenfalls eingeladen, und sofort wurden wir dafür eingeladen, bei ihnen in ihrem Haus in Bora Bora zu wohnen. Es war Montag. Dienstag wollten wir auf den Fischfang gehen und dann nach Raiatea zurückkehren. Mittwoch wollten wir an Tahaa vorbeifahren und sollten dann vor einer näher angegebenen Landspitze eine Meile weit draußen Tehei und Bihaura an Bord nehmen und weiter nach Bora Bora fahren. Alles das besprachen wir in allen Einzelheiten, wie wir auch von Dutzenden anderer Dinge sprachen, und doch bestand Teheis englischer Wortschatz nur aus drei kurzen Sätzen, Charmian und ich kannten ein gutes Dutzend tahitanischer Worte, und endlich gab es noch ein Dutzend französischer Ausdrücke, die wir alle vier verstanden, aber mit Hilfe eines Notizblocks, eines Bleistifts und eines Zifferblatts, das Charmian auf die Rückseite des Notizblocks zeichnete, nebst einer Unendlichkeit von Handbewegungen ging es doch ganz gut.

In dem Augenblick, als wir zu erkennen gaben, daß wir gern zu Bett gehen wollten, verschwanden die eingeborenen Gäste mit freundlichen Joranas, und Tehei und Bihaura verschwanden ebenfalls.

Das Haus bestand aus einem einzigen großen Zimmer,

und das wurde uns überlassen, während unsere Wirte zum Schlafen anderswo hingingen. Wahrlich, ihr Schloß gehörte uns. Und ich muß sagen, daß ich nirgends in der Welt, bei keinem Volk, wo ich je zu Gast war, mit einer Gastfreundschaft empfangen worden bin, die sich mit der messen konnte, welche mir hier bei diesem bronzebraunen Ehepaar geboten wurde. Ich denke nicht an die Geschenke, nicht an die großzügige Freigebigkeit, nicht an die ungeheure Verschwendung, sondern an die feine Höflichkeit und Bedachtsamkeit, an den Takt und die Sympathie, die wirklich Sympathie war, weil sie auf Verständnis beruhte. Es wäre unmöglich, die Hunderte kleiner Freundlichkeiten aufzuzählen, die sie uns im Laufe der wenigen Tage, welche wir miteinander verbrachten, erwiesen, und am schönsten machte es vielleicht gerade der Umstand, daß ihrer Gastfreundschaft nicht Erziehung oder komplizierte soziale Begriffe zugrunde lagen, sondern daß sie frei und unmittelbar aus ihrer natürlichen Herzensgüte kam.

Am nächsten Morgen gingen wir, das heißt, Charmian, Tehei und ich, in dem kleinen sargartigen Kanu auf den Fischfang, aber diesmal blieb das mächtige Segel zu Hause. Einige Meilen weit draußen, in einem zwanzig Faden tiefen Kanal innerhalb des Riffs, warf Tehei seine Haken und Steinlote aus. Die Haken waren mit Tintenfischfleisch beködert, das er von einem lebenden Tintenfisch abriß, der sich auf dem Boden des Kanus wand. Neun dieser Schnüre legte er aus, und jede Schnur war an einem kurzen Bambusrohr befestigt, das auf dem Wasser schwamm. Wenn ein Fisch angebissen hatte, wurde das eine Ende des Bambusrohrs unter Wasser gezogen, während sich das andere Ende in die Luft hob und mit rasender Schnelligkeit auf und nieder hüpfte, um uns zu sagen, daß wir eilen mußten. Und wir eilten mit Geheul und Geschrei und mit hastig arbeitenden Paddeln von einem signalisierenden Bambusrohr zum andern und zogen schwarzschimmernde, prachtvolle, zwei bis drei Fuß lange Fische aus der Tiefe.

Der Himmel begann sich zu beziehen, und im Osten verbarg drohendes Gewölk uns schon seit einiger Zeit die hellen Passatwölkchen. Wir lagen drei Meilen in Lee von Teheis Haus. Sobald der erste Windstoß das Wasser kräuselte, kehrten wir um. Dann kam der Regen, ein Regen, wie man ihn nur in den Tropen kennt, bei dem jede Himmelsschleuse sich weit öffnet, und ein Wolkenbruch ergoß sich, daß uns Sehen und Hören verging. Nun, Charmian trug ihren Badeanzug, ich Pyjamas, und Teheis ganze Kleidung bestand aus einem Lendentuch. Bihaura stand am Strand und wartete auf uns, und sie führte Charmian ins Haus, etwa wie eine Mutter ihr unartiges Töchterchen hineinführt, wenn sie in einer Pfütze gespielt hat. Dann bekamen wir trockene Kleider und eine friedliche Zigarette, während für Kai-kai gesorgt wurde. Kai-kai ist, nebenbei bemerkt, das polynesische Wort für Essen oder für essen, oder vielmehr es ist eine Form der ursprünglichen Wurzel, die sich über die ganze ungeheure Fläche des Stillen Ozeans verpflanzt hat. Und wieder saßen wir auf dem Hochsitz des Überflusses, bis wir bedauerten, daß wir nicht im Bilde der Giraffe und des Kamels geschaffen waren.

Als wir zur Snark zurückkehren wollten, wurde der Himmel in Luv wieder schwarz und dunkel, und eine Bö ging auf uns nieder. Aber diesmal gab es nur wenig Regen und lauter Wind. Stunde auf Stunde wehte es, und der Wind klagte und kreischte in den Palmen und riß und zerrte an dem gebrechlichen Bambushaus, daß es zitterte, während vom äußersten Riff her mächtiges Lärmen und Poltern ertönten, so oft die vorstürmenden Seen darüber hinwegbrachen. Die Lagune hinter dem schützenden Bollwerk des Korallenriffs war weiß vor Raserei, und nicht einmal die seemännische Tüchtigkeit Teheis hätte ihm helfen können, das gebrechliche Kanu sicher durch die empörten Wogen zu führen.

Bei Sonnenuntergang legte sich das Unwetter, aber die See ging immer noch zu hoch für das Kanu, und auf meine Veranlassung holte Tehei einen Eingeborenen, der bereit war, seinen Kutter daran zu wagen und uns nach Raiatea zu fahren, und zwar für die unverschämte Summe von zwei Chili-Dollar, was neunzig Cent nach unserm Geld entspricht. Das halbe Dorf mußte Geschenke an Bord bringen, die Geschenke, die Tehei und Bihaura ihren fortziehenden Gästen mit auf die Reise gaben – Hühner, Fische, die zubereitet und in grüne Blätter gewickelt waren, große goldene Bananentrauben, Blätterkörbe voll von Apfelsinen und Zitronen, Alligatorbirnen (die Butterfrucht, auch Avoca genannt), große Körbe Yams, ganze Bündel Taro und Kokosnüsse, und zuletzt große Zweige und Baumstämme – Brennholz für die Snark.

Der Kutter war ein kleines, wie eine Schaluppe getakeltes Ding, aber neben Teheis Kanu wirkte er direkt groß. Andererseits wurde der Kutter zu einem reinen Liliputfahrzeug, als wir auf die Lagune hinauskamen und von einer neuen, mächtigen Bö eingeholt wurden, während die Snark sicher und unerschütterlich wie ein Festland vor unsern Augen stand. Die Eingeborenen waren tüchtige Seeleute. Tehei und Bihaura waren mitgekommen, um uns heimzubegleiten, und es zeigte sich, daß auch Bihaura sich ausgezeichnet auf das Führen eines Bootes verstand. Der Kutter hatte guten Ballast, und wir begegneten der Bö unter vollen Segeln. Es wollte dunkel werden, die Lagune war voll von Korallenriffen, und wir fuhren immer weiter. Als die Bö ihren Höhepunkt erreicht hatte, mußten wir wenden und einen kleinen Schlag nach Luv machen, um ein Korallenriff, das sich nur einen Fuß über die Oberfläche erhob, zu umfahren. Als der Kutter krängte, kenterte er fast in einer Bö. Klüver und Großschot wurden sofort geslackt, und das Boot erhob sich wieder. Dreimal wurde es niedergedrückt, und dreimal mußten die Schote geslackt werden, ehe es herumkam. Als wir wieder wendeten, war es dunkel geworden. Wir waren jetzt in Luv der Snark, und der Wind heulte. Herein kam der Klüver, herunter das Großsegel, alles außer einem Fetzen ungefähr so groß wie ein Kissenbezug. Durch einen unglücklichen Zufall verfehlten wir die Snark, die vor zwei Ankern den Sturm abritt, und gerieten auf der Innenseite des Korallenriffs auf Grund. Da bekamen wir mit Hilfe der Dampfbarkasse die längste Leine, die es auf der Snark gab, und nach einstündiger schwerer Arbeit kam der Kutter klar und lag wohlbehalten am Achterende der Snark vertäut.

An dem Tag, als wir nach Bora Bora fuhren, wehte nur ein leichter Wind, und wir segelten unter voller Leinwand über die Lagune und nach der Landspitze, wo wir Tehei und Bihaura treffen sollten. Wir hielten zwischen den Korallenriffen auf Land zu und ließen vergebens den Blick über die Küste schweifen, in der Hoffnung, unsere Freunde zu erblicken. Sie waren nirgends zu sehen.

»Wir können nicht warten«, sagte ich. »Diese Brise

wird uns nach Bora Bora führen, wenn es dunkel wird, und ich möchte nicht mehr Benzin verbrauchen als nötig ist.«

Aber in diesem Augenblick tauchte Tehei zwischen den Bäumen auf und kam zum Strand herabgelaufen. Er hatte sein Hemd ausgezogen und winkte damit wie ein Rasender. Bihaura war natürlich nicht fertig. Als Tehei an Bord kam, machte er uns durch Zeichen begreiflich, daß wir die Küste entlangfahren müßten, bis wir vor sein Haus kämen. Er nahm das Rad und lotste die Snark durch die Korallenriffe hindurch, an einer Landspitze nach der andern vorbei, bis wir die allerletzte erreichten. Vom Ufer ertönten laute Willkommenrufe, und Bihaura kam mit mehreren der Dorfbewohner in zwei Kanus voller Überfluß zum Ufer herab. Da gab es Yams, Taro, Feis, Brotfrüchte, Kokosnüsse, Apfelsinen, Granatäpfel, Fische, ein Segen Gottes an Federvieh, das gackerte und auf unserm Deck Eier legte, und ein lebendes Schwein, das unaufhörlich geradezu infernalisch kreischte, aus Angst, gleich geschlachtet zu werden.

Der Mond wollte aufgehen, als wir das gefährliche Fahrwasser beim Bora-Bora-Riff hinter uns ließen und vor dem Dorf Vaitapé ankerten. Bihaura konnte als die sorgsame Hausfrau, die sie war, nicht früh genug in ihr Haus kommen, um einen neuen Überfluß für uns zu bereiten. Während die Dampfbarkasse sie und Tehei zu der kleinen Bootsbrücke fuhr, ertönten Musik und Gesang über die stille Lagune. Überall auf den Gesellschaftsinseln hatten die Leute uns erzählt, daß die Bora-Boraer so gemütliche Menschen seien. Charmian und ich gingen an Land, um sie zu sehen, und auf den Wiesen des Dorfes, an vergessenen Gräbern am Strande trafen wir tanzende junge Männer, Mädchen, blumengeschmückt und -bekränzt und mit phosphoreszierenden Blüten im Haar, die in den Strahlen des Mondes aufblitzten und flammten. Weiter unten am Strand fanden wir ein mächtiges, siebzig Fuß langes, ovales Grashaus, wo die Ältesten des Dorfes saßen und Himinen sangen. Auch sie waren mit Blumen bekränzt und froh, und sie boten uns in ihrem Pferch Willkommen wie verlorenen Lämmern, die aus der tiefsten Dunkelheit angelaufen kamen.

Früh am nächsten Morgen kam Tehei mit einem ganzen Bündel soeben gefangener Fische und einer Einladung zum Abendessen an Bord. Unterwegs traten wir in das Himinenhaus. Dieselben alten Leute saßen da und sangen, und dazwischen war hie und da ein junger Mann oder eine Frau, die wir am vorigen Abend nicht gesehen hatten. Nach allem zu urteilen, trafen sie Vorbereitungen für ein Fest. Auf dem Fußboden lag ein ganzer Berg von Obst und Gemüse, der zu beiden Seiten von zahllosen, mit Kokosfasern gebundenen Hühnern flankiert war. Nachdem ein paar Himinen gesungen waren, erhob sich einer der Männer und hielt eine Rede. Die Rede war für uns berechnet, und obwohl sie in unsern Ohren wie Chinesisch klang, wußten wir, daß sie uns irgendwie mit diesem ganzen Berg von Nahrungsmitteln in Verbindung brachte.

»Haben sie etwa die Absicht, uns das alles zu schenken?« flüsterte Charmian.

»Unmöglich«, murmelte ich zurück. »Warum sollten sie uns das schenken? Und übrigens haben wir gar keinen Platz dafür auf der Snark. Wir könnten nicht ein Zehntel davon essen. Der Rest würde verderben. Vielleicht laden sie uns zum Fest ein. Jedenfalls ist es ja ganz unmöglich, daß sie uns das alles schenken sollten.«

Aber wir saßen nun doch wieder auf dem Hochsitz des Überflusses. Der Redner übergab uns mit unverkennbaren Gebärden jede Einzelheit des Berges, und dann übergab er uns alles insgesamt. Es war ein peinlicher Augenblick. Was soll man tun, wenn man nur ein einziges Stübchen hat und ein Freund einem einen weißen Elefanten schenkt? Die Snark war nur ein Stübchen, und sie hatte schon eine schwere Last vom Überfluß Tahaas erhalten. Dieser neue Vorrat war zuviel. Wir bekamen rote Köpfe, stotterten und mauruururten. Wir mauruururten mit wiederholten nuis, die zu erkennen gaben, wie überwältigt dankbar wir waren. Gleichzeitig aber begingen wir die schreckliche Taktlosigkeit, daß wir uns durch Zeichen weigerten, das Geschenk anzunehmen. Die Enttäuschung der Himinensänger war ganz offenbar, und wir schlossen am selben Abend mit Hilfe Teheis einen Kompromiß mit ihnen, indem wir ein Huhn, eine Traube Bananen, eine Traube Taro und so weiter, die ganze Reihe durch, nahmen.

Aber es war nicht möglich, von diesem Überfluß loszukommen. Ich kaufte einem Eingeborenen an Land ein Dutzend Hühner ab, und am nächsten Tag lieferte er dreizehn Hühner nebst einem ganzen Kanu voller Früchte. Der französische Kaufmann schenkte uns Granatäpfel und lieh uns ein Pferd. Dasselbe tat der Gendarm, er lieh uns ein Pferd, das sein Augapfel war. Und alle Menschen schickten uns Blumen. Die Snark war eine Obsthandlung und ein Gemüseladen, sie war als Treibhaus verkleidet. Wir waren immerfort mit Blumenkränzen geschmückt. Als die Himinensänger an Bord kamen, um zu singen, küßten uns die jungen Mädchen zum Willkommen, und die ganze Besatzung, vom Kapitän bis zum Kajütjungen, verliebte sich gleich in die jungen Bora-Borainnen. Tehei veranstaltete eine große Angelfahrt uns zu Ehren, und wir zogen in einem doppelten, von zwölf kräftigen Amazonen geruderten Kanu aus. Es war uns direkt eine Erleichterung, daß keine Fische gefangen wurden, denn sonst wäre die Snark gesunken.

Die Tage vergingen, aber der Überfluß nahm nicht ab. An dem Tag, als wir Abschied nehmen sollten, kam Kanu auf Kanu zu uns herüber. Tehei brachte uns Kürbisse und einen jungen Papaiabaum, dessen Zweige von prachtvollen Früchten beschwert waren. Für mich brachte er ein kleines Doppelkanu voll von allen möglichen Angelgeräten. Ferner brachte er uns Obst und Gemüse im selben Überfluß wie in Tahaa. Bihaura brachte Charmian verschiedene Geschenke, zum Beispiel Seidenbaumwollkissen, Fächer und Schmuckmatten. Die ganze Bevölkerung brachte uns Früchte, Gemüse und Federvieh, und Bihaura obendrein ein lebendiges Ferkel. Eingeborene, die ich mich nicht erinnerte, je gesehen zu haben, kletterten über die Reling und schenkten mir Dinge wie Angelruten, Angelschnüre und aus Perlmutter geschnitzte Angelhaken. Als die Snark durch das Korallenriff hinausfuhr, hatte sie einen Kutter im Schlepp. Es war das Fahrzeug, das Bihaura nach Tahaa zurückbringen sollte – aber nicht Tehei. Ich hatte schließlich nachgegeben, und er war in die Besatzung der Snark eingereiht. Als der Kutter loswarf und nach Osten steuerte, während der Bug der Snark nach Westen zeigte, kniete Tehei im Cockpit nieder und betete still, während die Tränen ihm über die Wangen strömten. Eine Woche später, als Martin Zeit gefunden hatte, zu entwickeln und zu kopieren, zeigte er Tehei einige von den Fotografien, und der braunhäutige Sohn Polyne-

siens brach in Tränen aus, als er auf die Züge seiner geliebten Bihaura im Bild starrte.
Aber der Überfluß! Es waren Berge von allem. Wir konnten die Snark nicht manövrieren, weil überall Früchte im Weg waren. Sie war mit Girlanden von Früchten behängt. Das Rettungsboot und die Barkasse waren pfropfenvoll. Die Sonnensegeltaue ächzten unter ihrer Last. Sobald wir aber auf das Meer und in den richtigen Passat hineingelangt waren, begann es, sich zu lichten. Bei jedem Rollen warf die Snark eine Traube Bananen oder einen Korb Zitronen über Bord. Ein goldenes Meer von Zitronen wurde durch die Speigatten in Lee gespült. Die großen Körbe mit Yams gingen entzwei, und Ananas und Granatäpfel rollten über das Deck. Die Hühner waren losgekommen und liefen überall herum; sie legten Eier auf die Sonnensegel, sie flogen schreiend auf den Klüverbaum, und sie versuchten sogar das gefährliche Kunststück, auf dem Ballonklüverbaum zu balancieren. Es waren wilde Hühner, gewohnt zu fliegen. Wenn wir sie zu fangen versuchten, flogen sie auf das Meer hinaus, umkreisten das Schiff und kamen wieder. Zuweilen kamen sie auch nicht wieder, und in der Verwirrung riß sich, ohne daß jemand es merkte, das Ferkel los und fiel über Bord.

DAS FISCHTREIBEN VON BORA BORA

Um fünf Uhr morgens begannen die Muscheltrompeten zu rufen. Am ganzen Strand hörte man die unheimlichen Klänge wie die ewig alte Stimme des Krieges, die die Fischer aufstehen und sich zum Ausrücken bereitmachen hießen. Wir auf der Snark standen gleichfalls auf, denn es war unmöglich, bei dem wahnsinnigen Lärm zu schlafen. Und im übrigen sollten wir auch zum Fischtreiben, wenn wir uns auch nicht weiter vorbereitet hatten.

Tautai-taora, so nennen die Eingeborenen das Fischtreiben; Tautai bedeutet ein Fanggerät, während taora »geworfen« bedeutet. Die Kombination Tautai-taora bedeutet jedoch Fischtreiben mit Steinen, denn das Gerät, das geworfen wird, ist ein Stein. Tatsächlich ist es nur ein Fischtreiben auf ähnlicher Grundlage wie Kaninchen- oder Viehtreiben, wenn sich auch in diesen Fällen Jäger und Wild im selben Element befinden, während sich bei der Fischjagd die Männer, um atmen zu können, in der Luft aufhalten, und die Fische durchs Wasser gejagt werden. Es hat nichts zu bedeuten, daß das Wasser hundert Fuß tief ist, deshalb jagen die Männer, die an der Oberfläche arbeiten, doch die Fische.

Das geht folgendermaßen zu. Die Kanus bilden eine lange Reihe mit Zwischenräumen von ein- bis zweihundert Fuß. Im Bug jedes Kanus steht ein Mann und schwingt einen mehrere Pfund schweren Stein, der an einem kurzen Strick befestigt ist. Er schlägt einfach den Stein ins Wasser, zieht ihn heraus und schlägt wieder. So geht es weiter. Im Achterende jedes Kanus sitzt ein anderer Mann, paddelt und treibt das Kanu vorwärts, wobei er dafür sorgt, daß es seinen Platz in der Reihe behält. Die Reihe rückt vor, bis sie eine oder zwei Meilen von der Küste entfernt eine neue Reihe trifft, und beide schließen sich eiligst zu einem Halbkreis zusammen, dessen Enden den Strand berühren. Dann beginnt sich der Kreis nach der Küste hin zu verengen, und dort stehen die Frauen in einer langen Reihe im Wasser und bilden eine lebendige Hecke, die die Fische aufhält, wenn sie in wahnsinniger Angst auf den Strand zuschießen. Im rechten Augenblick, wenn der Kreis eng genug ist, setzt ein Kanu in voller Fahrt von der Küste ab und wirft ein langes, aus Kokosfasern verfertigtes Netz aus, das den Kreis umschließt und die lebende Palisade verstärkt. Selbstverständlich findet der Fang innerhalb des Korallenriffs in der Lagune statt.

Es ist dies eine vorzügliche Fangmethode, die doch gleichzeitig eher den Charakter eines Vergnügens als den einer prosaischen Arbeit für das tägliche Brot besitzt. Derartige Fischfänge werden etwa einmal monatlich bei Bora Bora unternommen, und es ist ein Brauch, der sich seit vielen Jahren hält.

Unsere Freunde Tehei und Bihaura, die das Fischtreiben uns zu Ehren veranstalteten, hatten versprochen, uns abzuholen. Wir befanden uns unten, als von Deck der Bescheid ertönte, daß sie kamen. Wir eilten die Kajüttreppe hinauf und waren überwältigt durch den Anblick der polynesischen Schaluppe, die uns aufnehmen sollte. Es war ein langes Doppelkanu, so zusammengebunden, daß ein Streifen Wasser dazwischen war, und über und über mit Blumen und goldenem Gras geschmückt. Zwölf blumenbekränzte Amazonen paddelten, und im Achterdeck jedes Kanus saß ein großer starker Steuermann. Alle waren mit roten und orangefarbenen Blumenkränzen geschmückt und trugen um die Hüfte ein knallrotes Pareu. Überall waren Blumen, Blumen. Es war eine wahre Orgie von Farben. Auf der im Bug der beiden Kanus angebrachten Plattform tanzten Tehei und Bihaura. Alle Stimmen erhoben sich zu einem wilden Willkommenslied.

Dreimal umruderten sie die Snark, ehe sie sich längsseits legten, um Charmian und mich überzunehmen, und dann fuhren wir nach dem Fischplatz, eine Fahrt von fünf Meilen gerade gegen den Wind. Kanulieder, Hailieder und Fischlieder wurden gesungen, während die zweiblättrigen Paddeln durch das Wasser getrieben wurden, und wenn sie zu dem lauten Kehrreim kamen, fielen alle ein. Einmal ertönte der Ruf: Mao! und da arbeiteten sie wie toll mit den Paddeln. Mao bedeutet Hai, und wenn das Raubtier der Meerestiefe erscheint, dann rudern die Eingeborenen nach der Küste, als gelte es das Leben, denn sie wissen gut, wie groß die Gefahr ist, daß ihre gebrechlichen Kanus kentern und sie selbst gefressen werden. Selbstverständlich gab es in diesem Fall keine Haie, sondern der Ruf Mao wurde nur angewandt, um sie anzutreiben, so eifrig zu paddeln, als wäre wirklich ein Hai hinter ihnen her. »Hoé! Hoé!« war auch ein Ruf, der uns dahinschießen ließ, daß der Schaum vor dem Bug sprühte.

Auf der Plattform tanzten Tehei und Bihaura zur Begleitung von Liedern und Chorgesang oder rhythmischem Händeklatschen. Dann wieder wurde der Takt mit den zweiblättrigen Paddeln gegen die Seiten der Kanus geschlagen. Ein junges Mädchen warf die Paddel fort und sprang auf die Plattform, wo sie eine Hula tanzte, und, immer tanzend, schwang sie sich herum und drückte einen Willkommenskuß auf unsere Backen. Einige ihrer Lieder oder Himinen waren religiös und ungewöhnlich schön, und die tiefen Baßstimmen der Männer mischten sich mit den Altstimmen und zarten Sopranen der Frauen zu einer Wirkung, die unwillkürlich an eine Orgel denken ließ, und »Kanakenorgel« nennen die Spötter denn auch diese Himinen. Andererseits waren einige dieser Lieder und Balladen sehr barbarisch und stammten aus der vorchristlichen Zeit.

Und so, singend, tanzend und rudernd, führten uns die frohen Polynesier dorthin, wo der Fang stattfinden sollte. Der Gendarm, der die französische Obrigkeit Bora Boras repräsentierte, begleitet uns mit seiner Familie in seinem eigenen Doppelkanu, das von seinen Gefangenen gerudert wurde. Denn er ist nicht nur Gendarm und oberste Behörde, sondern auch Gefängniswärter, und wenn einer in diesem frohen Land zum Fischen geht, kommen alle mit. Neben uns paddelten zwei Dutzend einfacher Auslegerkanus. Drei junge Männer, die halsbrecherisch auf dem Ausleger balanzierten, begrüßten uns mit wildem Trommelwirbel. Eine halbe Meile weiter, hinter der nächsten Landspitze, erreichten wir die Stelle, wo die Kanus sich treffen sollten. Die Kanus wurden auf den Sand gezogen, und alle gingen an Land, um Kokosmilch zu trinken, zu singen und zu tanzen. Hier schlossen sich uns noch mehr an, die zu Fuß aus den Häusern in der Nähe kamen, und es war ein schöner Anblick, die blütenbekränzten jungen Mädchen Hand in Hand und zu je zweien über den Strand angetanzt kommen zu sehen.

»Sie machen meistens einen großen Fang«, sagte Allicot, ein Mischlingskaufmann. »Wenn sie fertig sind, lebt das Wasser direkt von Fischen. Es ist schrecklich amüsant. Sie wissen doch, daß Sie alle Fische haben sollen, die gefangen werden.«

»Alle?« stöhnte ich, denn die Snark war schon mehr als überladen mit den reichen Geschenken und ganzen Kanus voller Gemüse, Schweine und Hühner.

»Ja, jeden Fisch«, antwortete Allicot. »Wenn der Kreis geschlossen ist, müssen Sie als Ehrengast eine Harpune nehmen und sie in den ersten Fisch stoßen. Das ist so gebräuchlich. Dann greifen alle mit den Händen ins Wasser und werfen den Fang auf den Sand. Es gibt ganze Berge von Fischen. Dann hält einer der Häuptlinge eine Rede, mit der er Ihnen alles übergibt. Aber Sie brauchen nicht alles zu nehmen. Sie stehen einfach auf und halten eine Rede, nehmen die Fische, die Sie haben wollen und geben den ganzen Rest den andern zurück. Dann werden alle sagen, daß Sie sehr freigebig sind.«

»Aber was würde geschehen, wenn ich alle behielte?« fragte ich.

»Das ist noch nie vorgekommen«, lautete die Antwort. »Es ist üblich, zu nehmen und wiederzugeben.«

Der eingeborene Geistliche leitete die Jagd mit einem Gebet um guten Fang ein, und alle entblößten die Köpfe. Dann musterte der Fischerhäuptling seine Kanus und wies jedem seinen Platz an. Jetzt galt es, in die Kanus und fortzukommen. Aber keine Frau durfte mitgehen außer Bihaura und Charmian. In alten Tagen wäre selbst ihnen das nicht erlaubt worden. Die Frauen blieben zurück, um ins Wasser hineinzuwaten und die lebendige Palisade zu bilden.

Das große Doppelkanu blieb am Strand zurück, und wir begaben uns in die Dampfbarkasse. Die Hälfte der Kanus ruderte nach Lee, während wir mit der andern Hälfte anderthalb Meilen weit gegen den Wind hielten, bis das äußerste Ende der Reihe an das Korallenriff stieß. Der Fischerhäuptling hatte sein Kanu mitten in der Reihe. Er stand aufrecht darin, ein stolzer alter Mann mit einer Flagge in der Hand. Durch Blasen auf einer Muschel gab er den Teilnehmern der Jagd das Zeichen, ihre Plätze in der Reihe einzunehmen. Als alles bereit war, winkte er mit der Flagge nach rechts.

Ein einziges Plätschern ertönte, als die Steinwerfer in allen Kanus auf dieser Seite ihre Steine ins Wasser warfen. Als sie sie wieder herauszogen – was nur einen Augenblick dauerte, denn die Steine waren kaum untergetaucht –, machte der Häuptling eine Bewegung nach links, und mit bewundernswerter Präzision flogen alle Steine dort ins Wasser. So ging es hin und her, rechts und links; und gleichzeitig wurden die Kanus mit Hilfe von Rudern vorwärtsgetrieben.

Einmal glitt der Stein aus der Schlinge, und im selben Augenblick war Tehei nach ihm über Bord. Ich weiß nicht, ob der Stein den Grund erreichte oder nicht, aber ich weiß, daß im nächsten Augenblick Tehei, den Stein in der Hand, neben dem Boot wieder auftauchte. Ich bemerkte, daß das gleiche mehrmals in den andern Kanus in unserer Reihe geschah, aber jedesmal folgte der Steinwerfer dem Stein und holte ihn zurück.

Die Kanus, die dem Korallenriff am nächsten waren, begannen schneller zu fahren; an der Küste verlangsamten sie ihre Fahrt, alles unter der Leitung des Häuptlings. Dann begann sich der Kreis zu verengen, und die armen, erschreckten Fische wurden gegen die Küste getrieben, gequält und gepeinigt durch die periodischen Erschütterungen, die durch das Wasser gingen. Auf die gleiche Art werden Elefanten durch die Dschungel getrieben von Scharen von Männern, die zusammen durch das hohe Gras kriechen oder hinter Bäumen liegen und seltsame Laute ausstoßen. Die Palisade von Menschenbeinen war schon gebildet. Wir konnten die Köpfe der Frauen in einer langen Reihe von kleinen Flecken über der ruhigen Oberfläche der Lagune sehen. Die größten gingen am tiefsten hinein, und mit Ausnahme derer, die sich dem Land zunächst befanden, standen alle bis zum Hals im Wasser.

Der Kreis wurde enger und enger, bis die Kanus sich fast berührten. Dann trat eine Pause ein. Ein langes Kanu arbeitete sich von der Küste aus den Kreis entlang. Es fuhr so rasch, wie es mit Hilfe der Paddeln getrieben werden konnte, und im Achterende stand ein Mann und warf das lange Kokosnetz über Bord. Die Kanus waren jetzt nicht mehr nötig, und die Männer sprangen über Bord, um die lebendige Palisade mit ihren Beinen zu verstärken. Denn das Netz war nur zum Schein da, die Fische konnten bequem hindurchschlüpfen, wenn sie es nur versuchten. Deshalb brauchte man Beine, die das Netz beständig erschütterten, Hände, die im Wasser plätscherten, und Kehlen, die heulten. Als die Falle sich schloß, war es, als wäre die Hölle losgelassen.

Aber nicht ein Fisch durchbrach die Oberfläche oder stieß gegen die verborgenen Beine. Schließlich ging der Fischerhäuptling selbst in die Falle hinein. Aber kein Fisch wurde in kochenden Massen auf den Sand gespült. Es gab nicht eine Sardine, nicht eine Elritze, nicht einen Stichling. Das Gebet muß nicht gestimmt haben, oder auch – was wahrscheinlicher ist – muß der Wind, wie ein grauhaariger Bursche sich ausdrückte, nicht in der richtigen Ecke gewesen sein, so daß die Fische sich anderswo in der Lagune aufhielten. »Etwa jede fünfte dieser Fischtreibjagden mißlingt«, tröstete Allicot uns.

Nun ja, des Fischtreibens wegen waren wir nach Bora Bora gekommen, und es war unser persönliches Pech, daß wir von fünf Nummern gerade die eine Niete zogen.

KREUZFAHRT DURCH DIE SALOMON-INSELN

Warum nicht gleich mitkommen?« sagte Kapitän Jansen zu uns in Penduffryn auf Guadalcanal.

Charmian und ich sahen uns an und überlegten in der Stille die Sache eine halbe Minute lang. Dann nickten wir gleichzeitig.

»Sie müssen Ihre Revolver und ein paar Gewehre mitnehmen«, sagte Kapitän Jansen. »Ich habe fünf Gewehre an Bord, aber wir haben keine Munition für das eine Mausergewehr. Haben Sie einige Patronen übrig?«

Wir schafften unsere Gewehre, ein paar Handvoll Mauserpatronen sowie Wada, unsern Koch, und Nakata, unsern Kajütjungen auf der Snark, an Bord. Wada und Nakata waren ein wenig ängstlich. Jedenfalls waren sie alles eher als begeistert, obwohl Nakata nie den Schwanz zwischen die Beine steckte, wenn er einer Gefahr Angesicht zu Angesicht gegenüberstand. Die Salomon-Inseln hatten sie nicht freundlich behandelt. Erstens waren sie beide von Beulen geplagt gewesen. Das waren wir andern auch (gerade jetzt behandelte ich zwei neue Beulen mit Sublimatlösung), aber die beiden Japaner hatten mehr als ihren reichlichen Anteil gehabt. Und diese Beulen sind nicht angenehm, denn sie sind sehr groß und stören scheußlich. Ein Moskitostich, eine Schnittwunde oder die geringste Hautabschürfung genügt, um das Gift, mit dem die Luft anscheinend geladen ist, anzuziehen.

Und noch schlimmer als die Beulen war, daß die zwei Japaner sehr an Fieber gelitten hatten, das auf den Salomons so grassiert. Sie waren beide mehrmals stark angegriffen gewesen, und in ihrem Schwächezustand und ihrer Rekonvaleszenz hatten sie beide die Gewohnheit, auf den Teil der Snark zu kriechen, der dem fernen Japan am nächsten war, und sehnsüchtig in die Ferne zu starren.

Das schlimmste aber war, daß sie jetzt an Bord der Minota gebracht wurden, die an der wilden Küste Malaitas Plantagenarbeiter werben sollte. Wada, der sich am meisten fürchtete, war sicher, Japan nie wiederzusehen, und mit traurigen, glanzlosen Augen sah er zu, wie Gewehre und Munition an Bord der Minota gebracht wurden. Er wußte gut, was es mit der Minota und ihrer Malaitafahrt auf sich hatte. Er wußte, daß sie vor einem halben Jahr an der Küste von Malaita abgefangen und ihr Schiffer mit Tomahawks in kleine Stücke zerhackt war, und daß das Schiff nach den geltenden Gleichheitsprinzipien dieser lieben Insel noch zwei Köpfe schuldete. Ferner war ein Arbeiter der Penduffrynplantage, ein junger Malaitaner, gerade an Dysenterie gestorben, und Wada wußte, daß Penduffryn Malaita demnach noch einen Kopf mehr schuldete. Schließlich sah er, als er unser Gepäck in der winzigen Kajüte des Schiffes verstauten, die Zeichen von Axthieben in der Tür, durch die sich die siegreichen Buschmänner den Weg in die Kajüte gebahnt hatten. Und endlich hatte der Kajütofen kein Rohr – das Rohr hatte nämlich einen Teil der Kriegsbeute ausgemacht.

Die Minota war eine australische, aus Teakholz gebaute Yacht mit Ketchtakelung, lang und schmal, mit tiefem Flossenkiel und eher für Regatten in den Häfen als zum Werben schwarzer Arbeiter gedacht. Als Charmian und ich an Bord kamen, war das Schiff bereits überfüllt Die doppelte Besatzung mit Stellvertretern betrug fünfzehn Mann, und dazu kamen zwei Dutzend oder mehr »Heimkehrer«, Leute, die ihre Zeit auf den Plantagen abgearbeitet hatten und jetzt in ihre Heimatdörfer zurückgebracht werden sollten. Ihrem Äußern nach waren sie auch richtige Menschenfresser. In den durchbohrten Nasen trugen sie Knochen und Holzpflöcke so groß wie Bleistifte. Manche von ihnen hatten sich den fleischigen Teil der Nase durchbohrt und kleine Spieße aus Schildpatt oder Perlen, die auf ein Stück Stahldraht gereiht waren, hineingesteckt. Einge hatten dazu noch eine Reihe Löcher über der Oberlippe. Alle hatten bis zu einem Dutzend Löcher in den Ohren – Löcher, so groß, daß sie runde Holzpflöcke von mindestens drei Zoll Durchmesser aufnehmen konnten, bis hinab zu winzigen Löchern, in die sie Tonpfeifen und ähnliche Kleinigkeiten gesteckt hatten. Sie hatten tatsächlich so viel Löcher, daß sie nicht Schmuck genug besaßen, sie zu füllen, und als wir uns am folgenden Tag Malaita näherten und unsere Gewehre prüften, waren unsere Passagiere schrecklich auf die leeren Patronenhülsen versessen, die sie sich gleich in die vielen schmerzlich leeren Löcher in ihren Ohren steckten.

Während wir unsere Gewehre prüften, wurde ein Stacheldrahtzaun rings um die Reling gebaut. Die Minota, die ein ungebrochenes Deck ohne Oberbau und nur eine sechs Zoll hohe Reling besaß, war zu leicht zu entern. Deshalb wurden Messingstreben an die Reling geschraubt und vom Bug bis zum Achterende und wieder zurück eine doppelte Reihe Stacheldraht gespannt. Das alles war natürlich sehr gut als Schutz gegen wilde Stämme, aber verflucht unangenehm für die an Bord Befindlichen, wenn die Minota in schwerer See zu tanzen begann.

Will man nicht in den Stacheldrahtzaun an Lee gleiten und sich nicht am Stacheldraht in Luv festhalten, und befindet sich dabei auf einem glatten Deck, das in einem Winkel von fünfundvierzig Grad überkrängt, so kann man sich einige der Freuden vorstellen, die mit einer Kreuzfahrt durch die Salomons verbunden sind. Und man muß sich auch erinnern, daß der Preis, den man dafür bezahlen muß, wenn man gegen den Stacheldraht fällt, mehr bedeutet als ein paar Schrammen, denn es ist beinahe sicher, daß jede Schramme zu einer bösartigen Beule wird. Daß Vorsicht nicht vor einer Kollision mit dem Stacheldraht rettet, sahen wir eines schönen Morgens, als wir mit dem Wind die Malaitaküste entlang liefen. Es war ein frischer Wind, und die See ging recht hoch. Ein ganz junger schwarzer Bursche stand am Ruder. Kapitän Jansen, Steuermann Jacobsen, Charmian und ich hatten uns gerade zum Frühstück an Deck gesetzt. Drei ungewöhnlich schwere Seen packten uns. Der junge Bursche am Rad verlor den Kopf. Dreimal ging es über die Minota hinweg. Das Frühstück rutschte über die Leereling; Messer und Gabeln gingen durch die Speigatten. Ein Junge wurde achtern über Bord gespült und wieder hereingezogen, und unser kühner Schiffer lag halb außen-, halb innenbords, in den Stacheldraht eingeklemmt. Und von diesem Tag an, für den ganzen Rest der Reise, war der gemeinsame Gebrauch der Speisegeräte, die wir noch hatten, ein großartiges Beispiel von primitivem Kommunismus. Nun, auf der Eugenie war es noch schlimmer, denn dort hatten wir nur einen Teelöffel für uns alle vier – aber von der Eugenie will ich ein andermal erzählen.

Unser erster Hafen war Su'u an der Westküste von Malaita. Die Salomons liegen jenseits von Recht und

Gesetz. Es ist schwer genug, in dunklen Nächten die von Korallenriffen durchzogenen Kanäle und wilden Gewässer zu passieren, wo kein Feuer den Weg weist – die Salomons haben von Nordwesten nach Südwesten eine Ausdehnung von tausend Meilen, und auf dieser ganzen tausend Meilen langen Küstenstrecke gibt es nicht einen einzigen Leuchtturm – aber die Schwierigkeit wird noch bedeutend dadurch erhöht, daß das Land selbst nicht genau kartographiert ist. Auf der Karte der Admiralität ist die Küste an diesem Punkt als gerade, ungebrochene Linie verzeichnet, und doch fuhr die Minota in zwanzig Klafter tiefem Wasser über eben diese gerade, ungebrochene Linie hinweg. Wo Land sein sollte, war ein tiefer Einschnitt. Wir fuhren hinein. Und die Mangroven schlossen sich über uns, bis wir auf einem spiegelblanken Teich ankerten. Kapitän Jansen gefiel der Ankerplatz nicht. Er war zum erstenmal hier, und Su'u hatte einen schlechten Ruf. Es wehte kein Wind, der uns im Falle eines Angriffs fortgebracht hätte, und wenn wir versucht hätten, das Schiff mit dem Langboot hinauszuschleppen, wäre die Besatzung bis auf den letzten Mann niedergemacht worden. Wenn es zum Kampf kam, saßen wir hübsch in der Falle.

»Aber gesetzt, die Minota liefe auf – was würden Sie dann tun?« fragte ich.

»Sie läuft nicht auf«, lautete seine Antwort.

»Aber wenn sie es nun doch täte?« beharrte ich.

Er bedachte sich einen Augenblick, und sein Blick schweifte vom Steuermann, der sich gerade einen Revolver umschnallte, über die Besatzung, die, jeder Mann mit einer Büchse, ins Langboot kletterte.

»Dann würden wir ins Langboot gehen und sehen, so schnell, wie der liebe Gott es zuläßt, von hier fortzukommen«, antwortete der Schiffer schließlich. Er erklärte ferner, daß kein weißer Mann sich, wenn es darauf ankäme, auf die malaitanische Besatzung verlassen könnte, daß die Buschleute jedes Wrack als ihr persönliches Eigentum betrachteten, daß die Eingeborenen Haufen von Sniderbüchsen besäßen, und daß er ein Dutzend Heimkehrer an Bord hätte, die in Su'u an Land gesetzt werden sollten, und die sich ganz sicher mit ihren Freunden an Land zusammentäten, wenn es gälte, die Minota zu plündern.

Das erste, was das Langboot zu besorgen hatte, war der Transport der Heimkehrer und ihrer Habe an Land. So waren wir doch wenigstens eine Gefahr los. Während dies geschah, kam ein mit nackten Eingeborenen bemanntes Kanu längsseits. Wenn ich nackt sage, so meine ich es buchstäblich. Sie hatten nicht einen Fetzen Zeug am Körper, wenn man nicht Nasenringe, Ohrenpflöcke und Muschelarmbänder Zeug nennen will. Der Anführer war ein alter, einäugiger Häuptling, der für wohlgesinnt galt und so schmutzig war, daß eine Feile an ihm stumpf geworden wäre. Er wollte den Schiffer warnen, seine Leute an Land gehen zu lassen. Am Abend wiederholte der Alte seine Warnung noch einmal.

Vergebens lief das Langboot die Küste auf und nieder, um Arbeiter zu werben. Der Busch war voll von bewaffneten Eingeborenen, die alle sehr gern mit den Werbern reden wollten; aber keiner wollte sich zu dreijähriger Plantagenarbeit für sechs Pfund Sterling jährlich verpflichten. Und doch waren sie sehr darauf versessen, unsere Leute an Land zu locken. Am zweiten Tag zündeten sie am Ufer, an der Spitze der Bucht, ein Feuer an. Da dies das übliche Signal war, wodurch sie zu erkennen gaben, daß Leute da waren, die sich werben lassen wollten, wurde das Boot hingeschickt. Aber es kam nichts dabei heraus. Niemand ließ sich werben, und ebensowenig ließ sich einer unserer Leute an Land locken. Etwas später sahen wir eine ganze Schar bewaffneter Eingeborener an Land umherstreifen.

Aber im übrigen konnte man unmöglich wissen, wie viele im Busch lauerten. Es war unmöglich, mit bloßem Auge den ewigen Urwald zu durchdringen.

Am Nachmittag nahmen Kapitän Jansen, Charmian und ich das Boot, um Fische mit Dynamit zu fangen. Jeder Mann im Boot hatte eine Lee-Enfield. Johnny, der eingeborene Rekrutenwerber, hatte eine Winchesterbüchse neben sich auf der Steuerducht liegen. Wir ruderten dicht an die Küste heran, die ganz öde und verlassen aussah. Hier wurde das Boot gewendet, um für den Fall eines Angriffs zu sofortiger Abfahrt klar zu sein. In der ganzen Zeit, die ich auf Malaita verbrachte, habe ich nie ein Boot mit dem Bug voran landen sehen. Im allgemeinen gebrauchen Werbeschiffe zwei Boote – das eine legt, selbstverständlich bewaffnet, an, während das andere mehrere Fuß von Land ab liegen bleibt, um das erste Boot zu decken. Aber die Minota war ein kleines Schiff und hatte kein »Deckboot«.

Wir waren dicht an Land und arbeiteten uns, das Achterende voran, noch näher heran, bis zu einer Stelle, wo wir eine große Schar Fische sehen konnten. Die Lunte wurde angezündet und das Dynamit geworfen. Im Augenblick der Explosion wurde der Wasserspiegel durch den leuchtenden Schimmer von Fischen gebrochen, die hoch in die Luft sprangen. Und gleichzeitig wurde plötzlich der Busch lebendig. Zwei Dutzend nackte Wilde, mit Bogen und Pfeilen, mit Speeren und

Sniderbüchsen bewaffnet, kamen an den Strand geeilt. Sofort hob unsere Besatzung die Büchsen. Und so standen die zwei feindlichen Parteien sich gegenüber, während unsere Reserveleute nach den betäubten Fischen tauchten.

Wir verbrachten drei ergebnislose Tage bei Su'u. Die Minota bekam keine Arbeiter vom Land, und die Buschleute bekamen keinen Kopf von der Minota. Der einzige, der wirklich etwas bekam, war Wada, nämlich einen tüchtigen Fieberanfall.

Im Schlepp des Langboots liefen wir die Küste entlang bis nach Langa Langa, einem großen Dorf mit Salzwasserleuten, das mit unglaublichem Fleiß auf einer Sandbank in einer Lagune aufgebaut war – buchstäblich aufgebaut, eine künstliche Insel, die zum Schutz gegen die blutdürstigen Buschleute aufgeworfen war. Und hier, auf der Landseite der Lagune, lag Binu, der Ort, wo die Minota vor einem halben Jahr gekapert und der Schiffer von den Buschleuten erschlagen worden war. Als wir durch den engen Kanal hineinfuhren, kam ein Kanu längsseits mit dem Bescheid, daß das Kriegsschiff am selben Morgen fortgefahren war, nachdem es drei Dörfer eingeäschert, dreißig Schweine getötet und ein kleines Kind ertränkt hätte. Es war die Cambrian unter Kapitän Lewes. Wir beide hatten uns schon früher auf dem Meer getroffen, und zwar im Russisch-Japanischen Krieg, und seither hatten sich unsere Wege beständig gekreuzt, ohne daß wir uns getroffen hätten. An dem Tag, als die Snark in Suva auf den Fidschi-Inseln einfuhr, war die Cambrian ausgefahren. In Vila auf den Neuen Hebriden fehlte ein Tag, daß wir uns getroffen hätten. Wir fuhren bei Nacht vor der Insel Santo aneinander vorbei. Und an dem Tag, als die Cambrian in Tulagi ankam, verließen

wir Penduffryn, ein Dutzend Meilen von dort. Und hier bei Langa Langa fehlten wiederum nur ein paar Stunden, daß wir uns getroffen hätten.
Die Cambrian war gekommen, um die Leute zu bestrafen, die den Schiffer der Minota ermordet hatten, was aber dabei herausgekommen war, erfuhren wir erst später am Tag, als ein Missionar namens Abbot in seinem Langboot längsseits kam. Die Dörfer waren niedergebrannt und die Schweine getötet, aber den Eingeborenen war persönlich nichts geschehen. Die Mörder waren nicht gefangen, man hatte jedoch die Flagge und anderes von der Minota wiederbekommen. Daß das Kind ertränkt sein sollte, war ein Mißverständnis. Häuptling Johnny aus Binu hatte sich geweigert, die Landungsmannschaft in den Busch zu führen, und es war auch nicht möglich, irgend jemand von seinen Leuten dazu zu bekommen. Worauf Kapitän Lewes in seinem gerechten Zorn zu Häuptling Johnny gesagt hatte, er verdiente, daß sein Dorf niedergebrannt würde. Aber in Johnnys Trepang-Englisch gab es das Wort »verdiente« nicht. Er faßte es so auf, daß das Dorf unter allen Umständen niedergebrannt werden sollte. Die Einwohner flohen in größter Eile, und das Kind fiel ins Wasser. Unterdessen aber suchte Johnny in großer Hast den Missionar auf; er übergab ihm vierzehn Pfund in Gold und ersuchte ihn, an Bord zu gehen und sie Kapitän Lewes zu geben, damit er abführe. Johnnys Dorf wurde nicht niedergebrannt; aber deshalb bekam Kapitän Lewes die vierzehn Pfund doch nicht, denn als Johnny an Bord der Minota kam, sah ich, daß er sie immer noch hatte. Die Entschuldigung, die Johnny bei mir vorbrachte, weil er der Landungsmannschaft den Weg nicht zeigen wollte, war eine gewaltige Beule, die er mit großem Stolz

zeigte. Sein wirklicher Grund – und es war ein sehr schwerwiegender, wenn er ihn auch nicht nannte – war seine Furcht, daß die Buschleute sich an ihm rächen würden. Wenn er oder einer seiner Leute den Marinesoldaten den Weg zeigte, mußte er auf blutige Vergeltung gefaßt sein, sobald die Cambrian die Anker gelichtet hatte.

Nicht umsonst bin ich den ganzen langen Weg nach den Salomons gereist. Endlich habe ich gesehen, wie Charmians hochmütige Seele gedemütigt wurde. Das geschah bei Langa Langa, an Land, auf der künstlichen Insel. Hier wanderten wir umher und betrachteten die Sehenswürdigkeiten, umgeben von Hunderten schamlos nackter Männer, Frauen und Kinder. Wir hatten unsere Revolver bei uns, und die Bootsbesatzung saß, bis an die Zähne bewaffnet, an den Riemen, das Achterende gegen Land gerichtet, aber die Lehre, die das Kriegsschiff der Insel erteilt hatte, war noch in zu frischer Erinnerung, als daß wir Unruhen hätten befürchten müssen. Wir gingen überall umher und besahen alles, bis wir uns schließlich einem großen Baumstamm näherten, der als Brücke über ein seichtes Flußdelta diente. Die Schwarzen stellten sich an unserm Weg auf, bis sie eine Mauer bildeten, und wollten uns nicht vorbeilassen. Wir wollten wissen, warum sie uns aufhielten. Die Schwarzen sagten, wir könnten weitergehen. Wir verstanden sie falsch und begannen zu gehen. Jetzt wurden die Erklärungen deutlicher. Kapitän Jansen und ich konnten als Männer weitergehen. Aber keine »Mary« durfte in der Nähe der Brücke durch das Wasser waten, geschweige ihre Füße darauf setzen. »Mary« bedeutet auf Trepang-Englisch Weib. Charmian war eine Mary. Für sie war die Brücke tambo – die Form der Eingeborenen für tabu. Ach, wie ich mich brüstete! Ich gehörte in Wahrheit dem herrschenden Geschlecht an. Charmian konnte hinter uns hertrotten, doch wir waren Männer, und wir konnten geradeswegs über die Brücke gehen, während sie gezwungen war, sie mit dem Langboot zu umfahren.

Ich möchte selbstverständlich nicht, daß man mich mißversteht; aber etwas, das alle Menschen auf den Salomons kennen, ist, daß Fieberanfälle oft durch plötzliches Erschrecken hervorgerufen werden. Eine halbe Stunde, nachdem Charmian der Zutritt verweigert worden war, wurde sie, in Decken gepackt und mit Chinin vollgepfropft, in größter Eile an Bord der Minota transportiert. Ich weiß nicht, welchen plötzlichen Schrecken Wada und Nakata gehabt haben müssen; jedenfalls aber wurden auch sie vom Fieber aufs Krankenbett geworfen. Die Salomons könnten gesünder sein.

Ferner bekam Charmian während ihres Fieberanfalls auch eine Beule. Das war der letzte Stoß. Alle auf der Snark hatten Beulen gehabt außer ihr. Ich hatte mir eingeredet, daß mir wegen einer besonders bösartigen Beule der Fuß beim Fußgelenk abgenommen werden müßte. Henry und Tehei, unsere tahitanischen Matrosen, hatten sie massenhaft gehabt. Wada hatte sie zu Dutzenden. Nakata hatte einzelne Beulen von drei Zoll Durchmesser gehabt; Martin war vollkommen überzeugt, kalten Brand im Schienbein bekommen zu haben, so tief hatten sich all die vielen Beulen in ihn hineingefressen. Nur Charmian war bis jetzt verschont geblieben. Und deshalb hatte sie alle uns andern verachtet. Da wir alle die Beulen gehabt hatten, nur sie nicht – nun ja, die ihre hatte die Größe eines Silberdollars, und es glückt ihr, sie nach mehrwöchentlicher sorgfältiger Pflege zu heilen. Sie verläßt sich auf Sublimat.

Martin schwört auf Jodoform. Henry gebraucht reinen Zitronensaft. Und ich glaube, daß Sublimat etwas langsam, aber doch am besten wirkt, namentlich wenn man es abwechselnd mit Wasserstoffsuperoxyd verwendet. Es gibt Weiße auf den Salomons, die viel von Borsäure halten, und andere, die nur Lysol anerkennen wollen. Ich bin nicht klüger, als daß ich auch mein Universalmittel habe, nämlich Kalifornien. Ich wette, daß in Kalifornien niemand derartige Beulen bekommen kann wie auf den Salomons.

Auf Langa Langa fuhren wir über die Lagune zwischen den Mangrovesümpfen und durch eine Fahrrinne, die nicht viel breiter als die Minota war, vorbei an Kaloka und Auki, den Korallenriffdörfern. Wie die Männer, die Venedig bauten, waren auch diese Salzwasserleute ursprünglich Flüchtlinge vom Festland. Nach Ermordung der übrigen Dorfbewohner waren sie zu schwach gewesen, sich im Busch zu behaupten, und daher auf die Sandbänke in der Lagune geflohen. Diese Sandbänke hatten sich zu ganzen Inseln ausgebaut. Sie mußten sich ihre Nahrung im Meer suchen und wurden mit der Zeit Salzwassermenschen. Sie lernten Fische und Schaltiere fangen und erfanden Haken und Schnüre, Netze und Reusen. Ihre Körper entwickelten sich zu reinen Kanukörpern. Sie waren außerstande zu gehen, weil sie alle ihre Tage in den Kanus verbrachten, und dadurch wurden sie dickarmig und breitschultrig, mit schmalen Lenden und dünnen Stelzbeinen. Da sie die Küste beherrschten, wurden sie allmählich wohlhabend, und der Handel mit dem Innern des Landes ging im wesentlichen durch ihre Hände. Aber es herrscht ewige Feindschaft zwischen ihnen und den Buschleuten. Ihr einziger Waffenstillstand ist in Wirklichkeit der Markttag, der mit bestimmten Zwischenräumen, in der Regel zweimal wöchentlich, stattfindet. Dann handeln die Frauen der Buschleute und die Frauen der Salzwasserleute miteinander. Tief im Busch, in einer Entfernung von hundert Metern, liegen die Buschleute bis an die Zähne bewaffnet auf der Lauer, und auf dem Wasser sitzen die Salzwasserleute in Kanus. Aber es gibt sehr wenige Beispiele dafür, daß der Waffenstillstand der Markttage gebrochen wurde. Die Buschleute legen zuviel Wert auf ihre Fische, während die Salzwasserleute einen organischen Drang nach Gemüse fühlen, das sie auf ihren eigenen dichtbevölkerten Inselchen nicht anbauen können. Dreißig Meilen von Langa Langa gelangten wir in das Fahrwasser zwischen der Bassakanna-Insel und dem Festland. Bei Anbruch der Dunkelheit legte sich der Wind, und die ganze Nacht versuchten wir hindurchzukommen, das Langboot vorauf, und die ganze Mannschaft an den Riemen schwitzend. Aber es ging gegen die Strömung an. Um Mitternacht trafen wir mitten im Kanal die Eugenie, einen großen Werbeschoner, der von zwei Langbooten geschleppt wurde. Der Schiffer, Kapitän Keller, ein tüchtiger junger Deutscher von zweiundzwanzig Jahren, kam an Bord, um ein wenig zu plaudern, und wir tauschten die letzten Neuigkeiten von Malaita aus. Er hatte Glück gehabt, denn er hatte im Dorfe Fiu zwanzig Arbeiter geworben. Während er dort lag, wurde einer der üblichen dreisten Morde verübt. Der Ermordete war, was man einen Salzwasserbuschmann nennt, das heißt, halb Salzwassermann und halb Buschmann, der am Meer, aber nicht auf einer kleinen Insel lebt. Drei Buschleute waren zu dem Mann gekommen, als er in seinem Garten arbeitete. Sie waren sehr freundlich zu ihm gewesen, und nach einiger Zeit hatten sie angefangen, von

Kai-kai zu reden. Kai-kai bedeutet essen. Er zündete ein Feuer an und begann, etwas Taro zu kochen. Während er sich über den Topf beugte, schoß ihn einer der Buschleute durch den Kopf.

Ein anderer dreister Mord, von dem ich in Malaita hörte, war an einem alten Mann begangen worden. Ein Häuptling von den Buschleuten war eines natürlichen Todes gestorben. Sie haben nie von Leuten gehört, die eines natürlichen Todes gestorben sind. Die einzige Todesart ist eine Kugel, ein Tomahawk oder ein Speer. Wenn ein Mann anders stirbt, so ist das ein deutlicher Beweis dafür, daß er durch Zauberei aus dem Weg geräumt worden ist. Als dieser Häuptling eines natürlichen Todes starb, gab sein Stamm einer bestimmten Familie die Schuld. Es war gleichgültig, wer von der Familie getötet wurde, und sie wählten einen abseits wohnenden, alten Mann. Das erleichterte die Sache sehr, und zudem besaß er keine Sniderbüchse. Im übrigen war er auch blind. Der alte Mann erfuhr, was ihm bevorstand und verschaffte sich einen großen Vorrat Pfeile. Die tapferen Krieger überfielen ihn, jeder mit einem Snider bewaffnet, des Nachts. Die ganze Nacht kämpften sie tapfer mit ihm. Jedesmal, wenn sie sich regten, das geringste Geräusch machten oder in den Blättern raschelten, schoß er einen Pfeil ab. Am Morgen, als sein letzter Pfeil verschossen war, überfielen ihn die drei Helden und schossen ihm eine Kugel durch den Kopf.

Als der Morgen kam, kämpften wir immer noch vergebens mit der Strömung im Kanal. Zuletzt machten wir in unserer Verzweiflung kehrt und fuhren ganz um Bassakanna herum nach unserm Ziel, Malu. Der Ankerplatz bei Malu war sehr gut, aber er lag zwischen der Küste und einem häßlichen Korallenriff, und

wenn man auch leicht hineinkam, so war es doch schwer, wieder herauszugelangen.
Caulfield, der Missionar von Malu, kam gerade mit seinem Langboot von einer Küstenfahrt zurück. Er war ein zarter, schwächlicher Mann, begeistert für seine Arbeit, aber nüchtern und praktisch, ein echter Kreuzritter des zwanzigsten Jahrhunderts. Als er auf diese Station auf Malaita gekommen war, hatte er, wie er selbst sagte, eingewilligt, ein halbes Jahr zu bleiben. Er hatte ferner versprochen, wenn er nach Ablauf dieser Zeit noch am Leben sei, weiter zu bleiben. Sechs Jahre waren seither vergangen, und er war immer noch da. Dennoch hatte er mit gutem Grunde daran gezweifelt, daß er nach Ablauf der sechs Monate noch am Leben sein würde. Vor ihm waren drei Missionare auf Malaita gewesen, von denen zwei in noch kürzerer Zeit am Fieber gestorben waren, während der dritte als Wrack heimgekehrt war.
»Was ist das eigentlich für ein Mord, von dem Sie sprechen?« fragte er plötzlich mitten in einem ziemlich verworrenen Gespräch Kapitän Jansen.
Kapitän Jansen erklärte.
»Ach, davon spreche ich nicht«, sagte der Missionar. »Das ist schon eine alte Geschichte, das geschah vor zwei Wochen.«
Hier in Malu war es, daß ich meinen Triumph über die Beule büßen mußte, die Charmian auf Langa Langa bekommen hatte. Die indirekte Schuld an meiner Niederlage trug der Missionar. Er schenkte uns ein Huhn, das ich mit einem Gewehr in dem Busch verfolgte. Es war meine Absicht, ihm den Kopf abzuhauen. Das glückte mir auch, aber ich fiel dabei über einen Baumstamm und schrammte mir das Schienbein. Resultat: drei Beulen. Jetzt war meine Wenigkeit alles

in allem mit fünf derartigen Beulen geschmückt. Dazu hatten Kapitän Jansen und Nakata Gari-gari bekommen. Wörtlich übersetzt bedeutet Gari-gari Juck-juck. Aber für uns andere war es nicht nötig, das Wort zu übersetzen. Die gymnastischen Leistungen des Schiffers und Nakatas machten jede Übersetzung überflüssig.

Nein, die Salomons sind nicht so gesund, wie sie sein sollten. Ich schreibe diesen Aufsatz auf der Insel Ysabel, wohin wir mit der Snark gefahren sind, um sie zu kielholen und ihren Kupferboden zu reinigen. Ich habe heute morgen meinen letzten Fieberanfall überstanden, und ich habe nur einen freien Tag zwischen den Anfällen. Zwischen Charmians Anfällen vergehen zwei Wochen. Wada ist durch das Fieber das reine Wrack geworden. Heute abend zeigte er alle Symptome beginnender Lungenentzündung. Henry, ein riesenstarker Bursche aus Tahiti, der soeben seinen letzten Fieberanfall überstanden hat, schleppt sich an Deck herum und gleicht einem vorjährigen Waldapfel. Sowohl er wie Tehei haben sich eine recht ansehnliche Sammlung Beulen zugelegt. Sie sind auch von einer neuen Form von Gari-gari angegriffen, einer Art Pflanzenvergiftung, wie von Gifteichen oder Giftefeu. Aber es geht ihnen nicht allein so. Vor ein paar Tagen schossen Charmian, Martin und ich Tauben auf einer kleinen Insel, und seither haben wir einen Vorgeschmack von den ewigen Qualen. Wäre ich König, so würde die schlimmste Strafe, die ich meinen Feinden auferlegte, sein, daß ich sie nach den Salomons verbannte. (Obwohl ich das, recht bedacht, kaum übers Herz bringen könnte, ob ich nun König wäre oder nicht.)

In einer kleinen schmalen Yacht, die für Hafenregatten

erbaut ist, herumzufahren und Plantagenarbeiter zu werben, ist keineswegs angenehm. An Deck wimmelt es von geworbenen Arbeitern und ihren Familien. Der Salon ist vollgepfropft von ihnen. Der einzige Weg in unsere winzige Kajüte geht durch den Salon, und wir müssen uns durch sie hindurchquetschen oder über sie hinweggehen. Das ist auch nicht schön. Alle wie einer leiden sie an jeder erdenklichen Art bösartiger Hautkrankheit. Blutvergiftung ist sehr häufig, und Kapitän Jansen operiert fleißig mit seinem Griffesten und seiner Segelmachernadel an ihnen herum. Jedesmal, wenn wir einen besonders schrecklichen Krankheitsfall sehen, ziehen wir uns in einen Winkel zurück und begießen unsere eigenen Wunden mit Sublimatlösung. Und so leben wir auf der Minota, und wir essen und schlafen und tun, als fänden wir es schön.

Auf Suava, einer anderen künstlichen Insel, genoß ich wieder einen Triumph über Charmian. Der oberste Häuptling von Suava kam an Bord. Aber vorher schickte er einen Gesandten zu Kapitän Jansen, um ein Stück Kaliko zu erhalten, womit er seine königliche Nacktheit bedecken konnte, und unterdessen befand er sich im Kanu längsseits des Schiffes. Ich möchte darauf schwören, daß der königliche Schmutz auf seiner Brust einen halben Zoll dick war, und ich möchte auch darauf schwören, daß die unterste Schicht zehn bis zwanzig Jahre alt war. Er schickte aber seinen Gesandten an Bord, der erklärte, daß dieser oberste Häuptling von Suava in seiner Güte bereit sei, einen Händedruck mit Kapitän Jansen und mir zu wechseln und um ein paar Stück Tabak zu betteln, daß seine hochgeborene Seele sich jedoch beständig auf solchen Höhen bewegte, daß sie sich nicht herablassen könnte, einem weiblichen Wesen die Hand zu reichen. Arme Charmian! Nach ihren Erlebnissen auf Malaita ist sie ein ganz anderer Mensch geworden. Ihre Demut und Milde sind verblüffend kleidsam, und es sollte mich nicht wundern, sie, wenn wir in die Zivilisation zurückkehren und auf dem Bürgersteig spazieren, mit gebeugtem Kopfe hinter mir hertrotten zu sehen.

Es geschah nichts von Belang auf Suava. Bichu, der eingeborene Koch, desertierte. Die Minota schleppte ihren Anker. Es wehten heftige Regenböen. Steuermann Jacobsen und Wada hatten Fieber. Unsere Beulen wurden größer und zahlreicher, und die Schwaben an Bord feierten ein Fest, als wäre ein Mittelding zwischen 4. Juli und Krönungsparade. Sie wählten die Mitternachtsstunde und unsere kleine Kajüte für diese Darbietung. Sie waren zwei bis drei Zoll lang; es waren Hunderte von ihnen, und sie gingen auf uns spazieren. Als wir sie zu verfolgen suchten, verließen sie ihre sichere Operationsbasis, hoben sich in die Luft und flogen wie Kolibris herum. Sie waren viel größer als die Schwaben, die wir auf der Snark hatten. Aber unsere Schwaben sind noch jung und hatten keine Gelegenheit, sich zu entwickeln. Und dann hat die Snark Tausendfüßer, große Tiere, ganze sechs Zoll lang. Wir erschlagen sie hin und wieder, namentlich in Charmians Koje. Ich bin zweimal im Schlaf gebissen worden und beide Male recht schlimm. Aber dem armen Martin erging es noch schlimmer. Nachdem er drei Wochen lang krank gelegen hatte und zum erstenmal sitzen konnte, setzte er sich auf einen von ihnen.

Später kehrten wir nach Malu zurück, nahmen sieben eingeborene Arbeiter an Bord, lichteten den Anker und begannen durch die tückischen Kanäle hinauszukreuzen. Der Wind war sehr launisch, und die Strömung ging stark nach der häßlichen Riffspitze zu. Als wir das offene Meer schon fast erreicht hatten, fiel der Wind um vier Strich ab. Die Minota versuchte, über Stag zu gehen, aber es mißlang. Zwei ihrer Anker waren in Tulagi verlorengegangen. Wir ließen den letzten Anker mit so viel Kette fallen, daß er im Korallenriff Boden fassen konnte. Der Flossenkiel schrammte den Boden, und der Großmast schwankte, als sollte er auf uns herabstürzen. In dem Augenblick, als die Ankerkette sich straffte, wurde das Fahrzeug von einem mächtigen Brecher gegen das Land geworfen. Die Ankerkette riß. Es war unser letzter Anker. Die Minota drehte sich und ging mit dem Bug voran in die Brandung.

Es war das reine Tollhaus. Alle geworbenen Arbeiter, die Buschleute waren und sich folglich vor dem Meer fürchteten, stürzten entsetzt an Deck und kletterten vor uns andern in die Takelung. Gleichzeitig stürzte die Besatzung fort, um ihre Büchsen zu holen. Sie wußte, was es hieß, auf Malaita zu stranden. Die Buschleute klammerten sich an die Takelung, zu verwirrt, um auf den Großbaum zu achten. Das Langboot wurde mit einer Schleppleine fortgeschickt, um einen jämmerlichen Versuch zu machen, die Minota zu hindern, weiter aufs Riff geworfen zu werden, während Kapitän Jansen und der Steuermann, der leichenblaß und vom Fieber erschöpft war, einen alten Anker aus dem Ballast heraussuchten und montierten. Missionar Caulfield kam uns, von seinen Missionsgehilfen begleitet, mit seinem Boot zu Hilfe.

Als die Minota auf das Riff stieß, war kein Kanu zu sehen, jetzt aber tauchten sie von allen Seiten auf wie Geier, die im kreisenden Flug von der blauen Himmelswölbung herabkamen. Die Besatzung hielt sie mit ihren schußbereiten Büchsen in einem Abstand von hundert Fuß. Und da lagen sie, hundert Fuß von uns, schwarz und drohend und überfüllt mit Männern, die sie mit Hilfe von Paddeln gerade am Rande der gefährlichsten schaumbegipfelten Brandung hielten. Und unterdessen kamen Buschleute mit Speeren, Sniderbüchsen, Pfeilen und Keulen bewaffnet, von den Bergen herab, bis das Ufer von ihnen bedeckt war. Und um die Sache noch verwickelter zu machen, waren mindestens zehn von unsern Arbeitern eben unter diesen Buschleuten an der Küste geboren und lauerten gierig darauf, unseren Tabak und all die anderen Dinge, die wir an Bord hatten, zu plündern.

Die Minota war gut gebaut, die erste Bedingung für ein Boot, das auf einem Riff sitzt. Man kann sich vorstellen, was sie aushalten mußte, wenn man hört, daß sie im Laufe der ersten vierundzwanzig Stunden zwei Ankerketten und acht Trossen sprengte. Unsere Bootsmannschaft hatte genug damit zu tun, nach den Ankern zu tauchen und neue Leinen festzumachen. Zeitweise sprangen die Ketten sogar, wenn sie mit Trossen verstärkt waren. Und doch hielt die Minota. Es wurden Baumstämme vom Land geholt und unter sie geschoben, um ihren Kiel und ihre Bilgen zu schonen. Die Baumstämme zersplitterten, und die Stricke, mit denen sie angebunden waren, zerfaserten, das Schiff stieß immer weiter gegen das Riff, hielt aber doch. Es ging uns immerhin besser als der Ivanhoe, einem großen Schoner, der beim Arbeiterwerben vor mehreren Wochen an der Küste gestrandet und sofort von den Eingeborenen angegriffen worden war. Der Schiffer und die Mannschaft entkamen im Langboot, und die Buschleute und Salzwasserleute plünderten, was nicht niet- und nagelfest war.

Bö auf Bö mit Sturm und Regenschauern traf die Minota, und die See wurde immer gröber. Die Eugenie ankerte fünf Meilen von uns in Luv, aber sie lag hinter einer Landzunge und wußte nichts von unserem Pech. Auf Vorschlag Kapitän Jansens schrieb ich ein paar Worte an Kapitän Keller und bat ihn, uns mit Extraankern und Gerät zu Hilfe zu kommen. Aber nicht ein einziges Kanu war zu haben, um ihm den Bescheid zu überbringen. Ich bot ihnen eine halbe Kiste Tabak, aber die schwarzen Teufel grinsten nur und hielten ihre Kanus mit dem Bug in die schaumbegipfelten Seen. Eine halbe Kiste Tabak war drei Pfund Sterling wert. In einer halben Stunde hätte ein Mann selbst im schlimmsten Wetter und bei der schwersten See den Brief überbringen und eine Bezahlung erhalten können, wofür er ein halbes Jahr auf einer Plantage arbeiten mußte. Es glückte mir, ein Kanu zu erwischen und zum Missionar zu gelangen, der gerade in einem Langboot einen Anker herausbringen wollte. Ich dachte mir, daß er größeren Einfluß auf die Eingeborenen haben würde. Er rief die Männer, und die Männer in den Kanus sammelten sich um ihn und hörten das Angebot von einer halben Kiste Tabak. Keiner sagte etwas.

»Ich weiß, was ihr denken«, rief der Missionar ihnen zu. »Ihr denken viel Tabak im Schoner und ihr bekommen ihn. Ich sage euch, viel Büchsen in Schoner. Ihr bekommen nicht Tabak, ihr bekommen Kugeln.«

Schließlich nahm ein Mann, der allein in einem kleinen Kanu saß, den Brief und fuhr davon. Während wir auf Hilfe warteten, arbeiteten wir brav mit der Minota. Ihr Wassertank wurde geleert und Rundhölzer, Segel, Ballast an Land geschafft. Es war eine lustige Vorstellung an Bord, wenn die Minota rollte, daß bald die eine, bald die andere Reling unter Wasser war, oder ein Dutzend Männer sprangen, um Leben und Kleider zu retten, oder wenn die Kisten mit Handelswaren, Bäume und achtzig Pfund schwere Ballasteisen von Reling zu Reling über das Deck und wieder zurück rutschten. Die arme schöne Hafenyacht! Ihr Deck und ihre Takelung waren ein Gewirr. Unten war alles Chaos. Den Kajütboden hatten wir aufgerissen, um zum Ballast zu gelangen, und das rostige Bodenwasser schwappte und spritzte. Eine Tonne Zitronen schwamm in einem Teig von Mehl und Wasser; sie glichen halbgebratenen Apfelscheiben, die aus der Pfanne gesprungen waren. In der Kajüte bewachte Nakata unsere Gewehre und die Munition.

Drei Stunden nachdem unser Boot abgefahren war, kam ein Langboot, gerade als die heulende Bö ihren Höhepunkt erreicht hatte, unter gewaltigem Segeldruck angeschossen. Es war Kapitän Keller, naß von Regen und Wogengesprüh, einen Revolver im Gürtel, die Bootsmannschaft bis an die Zähne bewaffnet, Anker und Trossen mittschiffs aufgehäuft, und er näherte sich so schnell, wie der Wind ihn treiben wollte – der weiße Mann, der unvermeidliche weiße Mann, der einem andern weißen Mann zu Hilfe kam.

Die lange Reihe von Kanus, die wie Geier auf der Lauer gelegen hatten, verstreute sich und verschwand ebenso schnell, wie sie gekommen war. Die Leiche war also doch noch nicht tot. Wir hatten jetzt drei Langboote, zwei, die beständig zwischen Schiff und Küste hin und her fuhren, und eines, das eifrig damit beschäftigt war, Anker auszufahren, die gesprengten Trossen zu spleißen und die am Grunde liegenden Anker zu heben. Später am Nachmittag, nach einer Beratung, bei der besonders darauf hingewiesen wurde, daß ein Teil der Besatzung sowie zehn der geworbenen Arbeiter hier zu Hause waren, nahmen wir diesen Leuten die Waffen ab. Das schuf ihnen, nebenbei bemerkt, freie Hände für die Schiffsarbeit. Die Büchsen wurden fünf von den Gehilfen des Missionars übergeben, und in dem elenden Wrack einer Kajüte beteten der Missionar und seine Proselyten zu Gott, daß er die Minota retten möge. Es war eine ergreifende Szene, der unbewaffnete Mann Gottes, der mit unerschütterlichem Glauben betete, während seine wilden Jünger, auf ihre Büchsen gestützt, das Amen murmelten. Die Kajütwände umtanzten sie förmlich. Das Schiff hob sich bei jeder See und hieb gegen das Korallenriff. Von Deck ertönten die Rufe der Männer, die mit zielbewußtem Willen und kräftigen Armen auf andere Art und Weise arbeiteten und beteten.

Am Abend kam Caulfield mit einer Warnung. Auf den Kopf eines unserer frischgeworbenen Leute war ein Preis ausgesetzt; fünfzig Faden Muschelgeld und vierzig Schweine. Da die Buschleute um das Schiff gebracht waren, auf das sie zuversichtlich gehofft hatten, wollten sie wenigstens den Kopf dieses Mannes. Wenn sie anfangen totzuschlagen, weiß man nie, wo es endet, und deshalb bewaffnete Kapitän Jansen denn ein Langboot und ruderte ans Ufer. Ugi, einer von der Bootsbesatzung, stand auf und sprach im Namen Kapitän Jansens zum Volke. Ugi war sehr aufgeregt. Die Warnung des Schiffers, die darauf hinausging, daß jedes Kanu, das sich in der Nacht herauswagte, mit Blei vollgepumpt werden würde, verwandelte Ugi in eine sehr blutdürstige Kriegserklärung, die mit den Worten schloß: »Ihr töten mein Kapitän, ich trinken sein Blut und sterben mit ihm!«

Die Buschleute trösteten sich damit, daß sie ein unbewohntes Haus, das zur Mission gehörte, niederbrannten, und schlichen sich dann in den Busch zurück. Drei Tage und zwei Nächte lag die Minota auf dem Riff, aber sie hielt, und schließlich wurden ihre Überreste losgebracht, und in ruhigem Wasser fiel der Anker. Dort sagten wir ihr und allen an Bord Befindlichen Lebewohl und fuhren mit der Eugenie nach der Florida-Insel.

TREPANG-ENGLISCH

Hat man eine gewisse Anzahl weißer Händler, ein ausgedehntes Gebiet und Dutzende wilder Stämme, jeden mit seiner Sprache und seinem Dialekt, so ist die Folge, daß die Händler eine ganz neue unwissenschaftliche, aber dennoch völlig brauchbare Sprache verfertigen. Das taten die Händler, als sie die Chinook-Sprache für Britisch-Kolumbien, Alaska und das Nordwest-Territorium erfanden. Dasselbe gilt von der Kroo-Sprache in Afrika, von dem sogenannten Pidgin-Englisch im Fernen Osten und von der Sprache, die im ganzen westlichen Teil der Südsee gesprochen wird: dem Trepang-Englisch. Diese Sprache wird auch oft Pidgin genannt, aber Pidgin ist es auf keinen Fall. Um den Unterschied zu zeigen, braucht man nur zu erwähnen, daß sich das klassische Pidginwort piecee (englisch piece, Stück) nicht darin findet.

Die ersten Weißen, die sich auf den Fersen der ersten Entdecker durch Melanesien wagten, verfertigten diesen Dialekt – Männer wie Trepang-Fischer, Sandelholzaufkäufer, Perlenfischer und Arbeiterwerber. Auf den Salomons spricht man zum Beispiel Dutzende von Sprachen und Dialekte, und wehe dem unglücklichen

Händler, der versuchen wollte, sie alle zu lernen, denn auf der nächsten Inselgruppe, wohin er kommt, findet er Dutzende von neuen Sprachen. Es war notwendig, eine gemeinsame Sprache zu erhalten – eine Sprache, die so einfach war, daß ein Kind sie lernen konnte, und mit einem Wortschatz, der ebenso begrenzt war wie die Intelligenz der wilden Stämme, für die die Sprache bestimmt war. Über alles das dachten die Händler nicht nach. Trepang-Englisch war ein Produkt von Umständen und Verhältnissen.

Ein begrenzter Wortschatz bedingt, daß jedes einzelne Wort vielfache Bedeutung erhält. So bedeutet fella, das englische Fellow, auf Trepang dasselbe wie piecee und noch viel mehr dazu und wird in allen möglichen Verbindungen angewandt. Ein anderes, sehr stark gebrauchtes Wort ist belong, gehören. Nichts steht allein. Alles ist miteinander verknüpft. Was man wünscht, wird durch seine Verbindung mit andern Dingen bezeichnet. Ein primitiver Wortschatz ist gleichbedeutend mit einer primitiven Ausdrucksweise. So heißt »es regnet weiter«: »Regen ihn bleiben«. »Sonne ihn kommen auf« ist nicht mißzuverstehen, und dieselbe Konstruktion kann auf tausenderlei Arten angewandt werden, zum Beispiel, wenn ein Eingeborener einem erzählen will, daß Fische im Wasser sind, und er sagt: »Fische ihn bleiben«. Als ich mit den Eingeborenen der Insel Ysabel handelte, erkannte ich die Vorzüglichkeit dieser Sprache. Ich wollte zwei oder drei Paar der großen Muschelschalen von drei Fuß Durchmesser haben, aber ohne das Fleisch darin. Ferner wollte ich das Fleisch einiger kleinerer Muscheln haben, um Suppe daraus zu kochen. Meine Anweisungen an die Eingeborenen lauteten ungefähr folgendermaßen: »Du fella bringen mir fella groß fella Muschel – kai-kai kann nicht bleiben, ihn gehen umher – du fella bringen mir fella klein fella Muschel – kai-kai ihn bleiben.«

Kai-kai ist das polynesische Wort für Essen, Speise, und es bedeutet gleichzeitig essen, aber es ist nicht leicht zu sagen, ob es in Melanesien von den Sandelholzhändlern eingeführt wurde oder von der ganzen Strömung, die von Polynesien aus westwärts getrieben ist. »Gehen umher« ist ein merkwürdiger Ausdruck. Wenn man zum Beispiel einem Mann von den Salomons sagt, daß er ein Talje in den Großbaum machen soll, so sagt man: »Das fella Baum er gehen umher zuviel.« Und wenn derselbe Seemann um Landurlaub bittet, so sagt er, er möchte gern »gehen umher«. Und wenn er seekrank ist, sagt er: »Bauch gehören mir gehen umher zuviel.«

Zuviel bedeutet übrigens nicht etwas Übertriebenes. Es ist ein einfacher Superlativ. Fragt man zum Beispiel einen Eingeborenen um den Weg nach einem bestimmten Dorf, so antwortet er entweder: »Dicht dabei« oder »Langer Weg klein bißchen« oder »Langer Weg groß bißchen« oder »Langer Weg zuviel«. »Langer Weg« bedeutet nicht, daß man nicht nach dem Dorf gehen kann; es bedeutet nur, daß man länger zu gehen hat, als wenn es ein »langer Weg klein bißchen« nach dem Dorf währe.

»Gammon« bedeutet lügen, übertreiben, anführen. »Mary« ist Frau. Alle Frauen sind »Marys«. Vermutlich hat in ferner Vergangenheit der erste weiße Abenteurer halb im Scherz eine eingeborene Frau Mary genannt, und auf dieselbe Art und Weise sind sicher viele Worte im Trepang-Englisch entstanden. Die Weißen waren alle Seeleute, und deshalb sind Worte wie »kentern« und »aussingen« in die Sprache gelangt. Man sagte zu seinem chinesischen Koch nicht, daß er das Aufwaschwasser ausgießen solle, man sagte, er solle es kentern. Aussingen bedeutet laut rufen oder auch nur reden. Die eingeborenen Christen meinen nicht, daß Gott Adam im Paradies ruft – in der Sprache der Eingeborenen heißt es, daß Gott Adam aussingt.

Furcht, Angst, Schrecken heißt auf Trepang »fright«. Sieht ein Eingeborener erschrocken aus und man fragt ihn, was los sei, so antwortet er etwa: »Mich fright vor dich zuviel.« Oder der Eingeborene flüchtet sich vor Sturm oder wildem Busch oder vor Orten, wo es spukt. Cross deckt jede Schattierung von Zorn. Es heißt, ein Mann ist cross auf einen, wenn er nur etwas gereizt ist, aber er ist auch cross, wenn er einem den Kopf abhauen und ihn frikassieren will. Wollte Gott eine neue Sintflut auf die Erde herabschicken, so würde das nur ein Zeichen sein, daß Gott auf die Menschen cross wäre.

»Was Name?« ist die immer wiederkehrende Frage in Trepang-Englisch. Die Bedeutung hängt davon ab, wie es gesagt wird. Es kann heißen: Was willst du hier? Was meinst du mit diesem schandbaren Benehmen? Was wünschest du? Was willst du? Paß lieber auf, ich fordere eine Erklärung, und Hunderte von andern Dingen. Ruft man einen Eingeborenen mitten in der Nacht aus seinem Hause, so wird er aller Wahrscheinlichkeit nach fragen: »Was Name du singen mich aus?«

Vor einigen Jahren wurden große Scharen von Eingeborenen der Salomons angeworben, um auf den Zuckerplantagen in Queensland zu arbeiten. Ein Missionar ersuchte einen der Arbeiter, der bekehrt war, eindringlich, aufzustehen und einer ganzen Schiffsladung von den Salomons, die neu hinzugekommen war, zu predigen. Er wählte den Sündenfall, und die Predigt, die er hielt, wurde in ganz Australien berühmt. Sie lautete ungefähr folgendermaßen:

»Ganz und gar ihr Jungen gehören zu Salomon-Inseln. Ihr nicht savvee weiße Männer. Mich fella savvee. Mich fella mich savvee reden weiße Mann.

Lang Zeit ganz und gar kein Ort sein. Gott groß fella Häuptling gehören zu weiße Männer, ihn fella ihn machen ihn ganz. Gott groß fella Häuptling gehören zu weiße Männer, ihn machen groß fella Garten. Ihn gut fella zu sehr. In Garten ihn setzen Masse Yams, Masse Kokosnüsse, Masse Taro, Masse kumara (süße Kartoffeln), ganz und gar gut fella kai-kai zuviel.

Dann Gott groß fella Häuptling gehören zu weiße Männer, ihn machen fella Mann und setzen in Garten gehören ihm. Er rufen ihn fella Mann Adam. Er Name gehören ihm. Er setzen ihn fella Mann Adam in Garten, und er sagen: ›Dies fella Garten ihn gehören dir.‹ Und er sehen ihn fella Adam ihn gehen umher zuviel. Ihn fella Adam ihn direkt krank, er nicht savvee kai-kai, und er gehen herum ganze Zeit – und Gott er nicht savvee Gott groß fella Häuptling gehören zu weiße Männer. Er kratzen Kopf gehören ihm. Gott sagen: ›Was Name? Mich nicht savvee, was Name dies fella Adam haben.‹

Dann Gott er kratzen Kopf gehören ihm zuviel und sagen: ›Mich fella mich savvee ihn fella Adam ihn haben eine Mary.‹ Er dann lassen fella Adam gehen schlafen. Er nehmen einen fella Knochen gehören ihm und machen fella Mary aus sein Knochen. Er geben fella Eva ihm Adam, und er sagen zu ihm fella Adam: ›Gleich bei ganz über dies fella Garten ihn gehören euch zwei fella. Aber ein Baum ihn tambo für euch ganz und gar. Dies fella Baum ihm gehören Apfel.‹

Und Adam Eva ihn zwei fella bleiben im Garten, und

die zwei fella es haben zuviel gut. Da eines Tages Eva sie kommen zu Adam und sie sagen: ›Mehr gut dich und mich wir zwei fella essen dies fella Apfel.‹ Adam ihn sagen nein, und Eva sie sagen: ›Was Name du nicht mögen mich?‹ Und Adam ihn sagen: ›Mich mögen dich zuviel, aber mich Angst vor Gott.‹ Und Eva sie sagen: ›Gammon! Was Name? Gott er nicht savvee sehen uns zwei ganze Zeit. Gott groß fella Häuptling, ihn gammon dich.‹ Aber Adam ihn sagen nein. Aber Eva sie reden, reden, reden ganze Zeit – genau wie Mary reden zu junger Mann in Queensland und machen ihn fella junger Mann Ärger. Und dann Adam ihn zuviel müde, und er sagen: ›All right.‹ Und dann die zwei fella – die gehen essen ihn Apfel. Als sie fertig essen ihn, mein Wort, da sie ängstlich wie Hölle, und gehen verstecken sich in Busch.

Und Gott er kommen gehen umher in Garten und er singen aus: ›Adam!‹ Adam er nicht reden. Er zuviel Angst. Mein Wort! Und Gott er singen aus: ›Adam!‹ Und Adam er sagen: ›Du rufen mich?‹ Gott er sagen: ›Mich rufen dich zuviel.‹ Adam er sagen: ›Mich schlafen schwer fella zuviel.‹ Und Gott er sagen: ›Ihr gingen essen dies fella Apfel.‹ Adam er sagen: ›Nein, mich nicht gingen essen ihn.‹ Gott er sagen: ›Was Name du gammon mich? Du gingen essen ihn.‹ Und Adam er sagen: ›Ja, mich gingen essen ihn.‹

Und Gott groß fella Häuptling er cross auf Adam Eva zwei fella zuviel, und er sagen: ›Ihr zwei fella ganz Schluß mit mir. Ihr gehen nehmen ihn bokkis gehören euch und gehen Hölle gehen Busch.‹

So Adam Eva, diese zwei fella gehen Busch. Und Gott ihn machen ein großer Fennis (Zaun) ganz herum Garten, und er setzen ein groß fella Häuptling gehören Gott bei Fennis. Und er geben dies fella Häuptling gehören Gott ein groß fella Büchse und er sagen: ›Du sehen zwei fella Adam und Eva, du schießen ihn viel zuviel.‹«

DER KURPFUSCHER

Als wir mit der Snark von San Franzisko abfuhren, verstand ich von Krankheiten ungefähr ebensoviel wie der Admiral der Schweizer Flotte von Seewasser. Ich will gleich zu Anfang all denen, die in fernen tropischen Gegenden reisen, einen guten Rat geben: Geht in ein erstklassiges Drogengeschäft, das Spezialisten beschäftigt, die mit allem Bescheid wissen. Sprecht mit ihnen, und achtet gut auf das, was sie sagen. Macht euch eine Liste von allem, was sie empfehlen. Schreibt einen Scheck über den Betrag aus und vergeßt dann die ganze Geschichte.

Ich wünschte, ich hätte es so gemacht. Ich weiß jetzt, daß es viel klüger gewesen wäre, wenn ich eine der fertigen, automatisch wirkenden, gegen Dummheit versicherten Medizinkisten gekauft hätte, die erstklassige Schiffer zu benutzen pflegen. In einer solchen Kiste ist jede Flasche mit einer Nummer versehen. Auf der Innenseite des Deckels befindet sich eine ganz gewöhnliche Gebrauchsanweisung: Nr. 1 Zahnschmerzen, Nr. 2 Pocken, Nr. 3 Leibschmerzen, Nr. 4 Cholera, Nr. 5 Rheumatismus und so weiter, die ganze Reihe menschlicher Schwächen hindurch. Und ich hätte es machen können wie ein ehrwürdiger Schiffer, der, wenn Nr. 3 leer war, Nr. 1 und 2 mischte, oder wenn Nr. 7 aufgebraucht war, die Mannschaft mit Nr. 4 und Nr. 3 traktierte, bis Nr. 3 aufgebraucht war, worauf er

Nr. 5 und Nr. 2 benutzte. Bis heute habe ich keinen Nutzen von meiner Medizinkiste gehabt, mit Ausnahme des Sublimats, das mir als antiseptisches Mittel bei Operationen empfohlen wurde, wozu ich es noch nicht benutzt habe. Mit meinen Instrumenten ist es indessen eine andere Sache. Wenn ich sie auch nicht richtig gebrauchen konnte, so ärgere ich mich doch nicht über den Platz, den sie einnehmen. Es ist wie eine Lebensversicherung, nur daß man nicht zu sterben braucht, um zu gewinnen, und deshalb wirkt es gerechter als das harte Spiel um Leben und Tod. Selbstverständlich weiß ich nicht, wie ich sie gebrauchen soll, und meine Unkenntnis in bezug auf Chirurgie wäre hinreichend, einem Dutzend Quacksalbern eine einträgliche Praxis zu verschaffen.

Ich verstand nichts von der zahnärztlichen Kunst, aber einer meiner Freunde versorgte mich mit einer Zange und ähnlichen Werkzeugen, und in Honolulu erwischte ich ein Buch über Zähne. Und in dieser halbtropischen Stadt glückte es mir auch, einen Schädel zu erwischen, dem ich schnell und schmerzlos die Zähne auszog. So gerüstet war ich bereit, auf jeden Zahn, der mir in den Weg lief, loszugehen. In Nuku-hiva, auf den Marquesas, bekam ich meinen ersten Patienten – einen kleinen alten Chinesen. Das erste, was geschah, war, daß ich Lampenfieber kriegte, und ich überlasse es jedem unparteiischen Menschen, zu entscheiden, ob Lampenfieber mit dazugehörigem Herzklopfen und zitternden Händen gerade der rechte Zustand für einen Mann ist, der als alter Praktikus auftreten möchte. Ich machte dem alten Chinesen nichts vor. Er war ebenso ängstlich wie ich und zitterte noch mehr. Aus Angst, daß er ausreißen sollte, vergaß ich fast meine Furcht. Ich schwöre, wenn er es zu tun versucht hätte, so

würde ich ihm ein Bein gestellt und mich auf ihn gesetzt haben, bis er sich beruhigt hätte und vernünftig geworden wäre.
Ich wollte nun einmal den Zahn haben. Ja, und Martin wollte mich fotografieren, während ich ihn auszog. Charmian holte auch ihre Kamera. Dann setzte sich die Prozession in Bewegung. Wir befanden uns in dem Hause, das zu der Zeit, als Stevenson die Marquesas mit der Casco anlief, als Klubgebäude gedient hatte. Auf der Veranda, wo er so viele frohe Stunden verbracht hatte, war das Licht nicht gut – ich meine zum Fotografieren. Ich ging in den Garten, mit einem Stuhl in der einen und verschiedenen Zangen in der andern Hand, und mir zitterten die Knie, daß es direkt ein Skandal war. Nach mir kam der arme alte Chinese, und er zitterte auch. Charmian und Martin bildeten, mit fotografischen Apparaten bewaffnet, die Nachhut. Wir duckten uns unter den Avocadobäumen, bahnten uns den Weg durch die Kokospalmen und kamen schließlich zu einer Stelle, die den fotografischen Sachverständigen Martin befriedigte. Ich besah mir den Zahn, und da merkte ich, daß ich mich an nichts mehr von den Zähnen erinnerte, die ich vor fünf Monaten aus dem Schädel gezogen hatte. Hatte der hier eine Wurzel, zwei Wurzeln oder drei? Was von dem sichtbaren Teil des Zahns übrig war, sah sehr mitgenommen aus, und ich wußte, daß ich den Zahn ganz unten am Zahnfleisch fassen mußte. Ich mußte durchaus wissen, wieviel Wurzeln der Zahn hatte. So ging ich denn wieder ins Haus zurück, um das Buch über Zähne zu holen. Das arme alte Opfer sah wie ein Bild aus, das ich einmal von einigen seiner Landsleute gesehen habe, die kniend darauf warteten, daß ihnen der Kopf abgeschlagen werden sollte.

»Laßt ihn ja nicht weg«, sagte ich zu Martin. »Ich will den Zahn haben.«
»Nein, verlaß dich darauf«, antwortete er mit großer Wärme hinter seinem Apparat. »Ich will die Aufnahme machen.«
Zum erstenmal tat mir der Chinese leid. Wenn das Buch auch keine Auskunft über das Zahnziehen gab, so war es doch ein sehr gutes Buch, denn auf einer Seite fand ich Zeichnungen aller Zähne mit Wurzeln nebst der Art, wie sie im Kiefer lagen. Nun mußte ich die richtige Zange finden. Ich hatte sieben Zangen, aber ich wußte nicht, welche davon ich nehmen sollte. Ich wollte keine Dummheit machen. Während ich mit den Blechdingern rasselte und einen schrecklichen Spektakel machte, begann das arme Opfer ganz gelbgrün zu werden. Er klagte über die Sonne, aber sie war notwendig für das Fotografieren, und so mußte er sich darein finden. Als ich den Zahn mit der Zange packte, ging ein Schauder durch den Patienten, und er wollte ohnmächtig werden.
»Klar?« rief ich Martin zu. »Alles klar«, antwortete er. Ich zog. Ihr Götter! Der Zahn war los! Er flog aus dem Mund.
»Ach, steck ihn wieder hinein, steck ihn wieder hinein«, bat Martin. »Du bist zu schnell gewesen.«
Und der arme alte Chinese setzte sich, während ich den Zahn wieder hineinsteckte und noch einmal zog. Die große Tat war vollbracht. Hochmut? Stolz? Kein Jäger hätte je stolzer auf sein erstes Hirschgeweih sein können, als ich es auf den Zahn mit seinen drei Wurzeln war. Ich hatte es vollbracht! Ich hatte es vollbracht! Mit eigenen Händen und einer Zange hatte ich es vollbracht, gar nicht zu reden von den längst vergessenen Erinnerungen an den Kopf des toten Mannes.

Mein nächster Patient war ein Seemann aus Tahiti. Er war ein kleiner Mann und war am Zusammenbrechen, nachdem er tage- und nächtelang von den furchtbarsten Zahnschmerzen gepeinigt worden war. Ich machte zuerst ein Loch ins Zahnfleisch. Ich wußte nicht, wie ich das Loch machen sollte, aber ich machte es doch. Ich mußte lange und schwer ziehen, um den Zahn herauszubekommen. Der Mann war ein Held. Er stöhnte und jammerte, und ich glaubte, er wollte ohnmächtig werden. Aber er hielt den Mund offen und ließ mich ziehen. Und schließlich kam der Zahn heraus.

Von jetzt an war ich allem, was kommen sollte, gewachsen – ich befand mich in der rechten Gemütsverfassung für ein Waterloo. Und es kam. Sein Name war Tomi. Er war ein riesiger, starker Häuptling mit einem schlechten Ruf. Er war Gewalttätigkeiten verfallen. Unter anderm hatte er zwei von seinen Frauen mit den Fäusten totgehämmert. Sein Vater und seine Mutter waren nackte Menschenfresser gewesen. Als er sich hinsetzte und ich ihm die Zange in den Mund steckte, war er fast ebenso groß wie ich, der danebenstand. Große Männer mit der Neigung zu Gewalttätigkeiten können oft arge Feiglinge sein, und ich glaubte nicht so recht an ihn. Charmian faßte seinen einen Arm, Warren den anderen. Und dann begann der Kampf. In dem Augenblick, als die Zange sich um den Zahn preßte, preßte er die Kiefer um die Zange zusammen, und seine Hände fuhren auch hoch und packten meine Hand, die die Zange hielt. Ich hielt fest, und er hielt fest. Charmian und Warren hielten fest. Und in einem wilden Kampf taumelten wir durch den Raum.

Wir waren drei gegen einen, und der Umstand, daß ich die Zange um seinen schlechten Zahn gepreßt hatte, war nicht schön für ihn. Aber obgleich er so gehandikapt war, entkam er uns doch. Die Zange glitt ab und scheuerte mit einem nervenzerreißenden Geräusch gegen seine oberen Zähne. Die Zange flog ihm zum Mund heraus, und er fuhr auf mit einem Geheul, das uns das Blut fast zu Eis gefrieren ließ. Wir wichen beiseite. Wir erwarteten, ermordet zu werden. Aber der heulende Gewalttäter, der für eine so blutdürstige Seele galt, sank auf seinen Stuhl zurück. Er hielt sich mit beiden Händen den Kopf und jammerte, jammerte und jammerte. Er wollte keine Vernunft annehmen. Ich sei ein richtiger Quacksalber. Mein schmerzloses Zahnziehen sei Lüge und nichts als ein Reklametrick, um Leute anzulocken. Ich war so auf den Zahn versessen, daß ich ihn fast hätte bestechen können. Aber das ging mir denn doch gegen die Berufsehre, und so ließ ich ihm den Zahn, der einzige Fall, in dem ich bis heute aufgegeben habe, wenn ich einen Zahn erst einmal zu fassen hatte. Seit diesem Tage habe ich mir keinen Zahn mehr entgehen lassen. Erst neulich erbot ich mich, eine dreitägige Kreuzfahrt nach Luv zu machen, um den Zahn einer Missionsfrau zu ziehen. Ehe diese Reise der Snark zu Ende ist, gedenke ich so tüchtig geworden zu sein, daß ich Zähne plombieren und Goldkronen aufsetzen kann.

Ich weiß nicht, ob es Himbeerpocken (Hautkrankheit der Neger auf den Antillen) waren oder nicht – ein Arzt auf den Fidschi-Inseln erzählte mir, daß es das sei, und ein Arzt auf den Salomons erzählte mir, daß es das nicht sei, jedenfalls aber kann ich sagen, daß sie äußerst unangenehm sind. Auf Tahiti hatte ich das Pech, einen französischen Matrosen an Bord zu bekommen, der, wie sich unterwegs zeigte, an einer scheußlichen Hautkrankheit litt. Die Snark war zu klein, und wir lebten zu eng beieinander, als daß wir ihn hätten an Bord behalten können, aber bis wir Land erreichten und ihn abmustern konnten, war ich gezwungen, an ihm herumzudoktern. Ich las in den Büchern nach und begann ihn zu behandeln, und hinterher wusch ich mich stets gründlich mit antiseptischen Mitteln. Als wir nach Tutuila kamen, konnten wir ihn nicht loswerden, denn der Arzt erklärte, daß wir seinetwegen in Quarantäne liegen müßten, und wollte ihn nicht an Land lassen. Aber in Apia auf den Samoa-Inseln glückte es mir, ihn auf einem Dampfer nach Neuseeland zu schicken. Als ich Savaii erreichte, hatte ich eine kleine Wunde unter dem Spann. Ich dachte, es käme daher, weil die Haut abgeschabt und weil ich auf die warme Lava mit ihren scharfen Ausdünstungen getreten war. Es ging wohl vorüber, wenn ich etwas Salbe darauf schmierte – das glaubte ich wenigstens. Die Salbe heilte auch die Wunde, aber nun entstand eine ganz merkwürdige Entzündung, worauf die neue Haut abging und eine noch größere Wunde entstand. Das wiederholte sich immer wieder. Ich war sehr erschrocken und wußte gar nicht, was ich glauben sollte. Mein Leben lang hatte ich, wie alle wußten, eine gute Heilhaut gehabt, und jetzt wollte es nicht heilen.

Zu dieser Zeit war die Snark auf hoher See, auf dem Weg nach den Fidschi-Inseln. Mir fiel der französische Matrose ein, und zum erstenmal wurde ich ernsthaft besorgt. Es waren vier neue Wunden – oder vielmehr Beulen – von derselben Art entstanden, und sie schmerzten so, daß ich des Nachts wach lag. Ich änderte meine Pläne dahin, daß ich, sobald ich die Fidschi-Inseln angelaufen hatte, mit dem ersten Dampfer nach Australien zu richtig ausgebildeten Ärzten fahren wollte. Und unterdessen tat ich mein Bestes als Kurpfuscher, der ich war. Ich las alle medizinischen Werke, die ich an Bord hatte, aber nicht eine Zeile, nicht ein Wort konnte ich finden, das auf meine Krankheit paßte. Ich nahm meinen gesunden Menschenverstand zu Hilfe, um das Problem zu lösen. Ich beschloß, das Gift mit Sublimat zu bekämpfen. Der Name selbst klang so bösartig. Man redet davon, Feuer mit Feuer zu bekämpfen. Nach ein paar Tagen begann ich die Beulen abwechselnd mit Sublimat und Wasserstoffsuperoxyd zu behandeln. Und siehe da, als wir nach den Fidschi-Inseln kamen, waren vier von den fünf Beulen geheilt, und die einzige noch übrige war nicht größer als eine Erbse.

Jetzt fühlte ich mich dem Kampf mit den Himbeerpocken durchaus gewachsen. Dazu hegte ich einen heilsamen Respekt vor ihnen. Aber das tat die übrige Besatzung der Snark nicht. Bei Port Resolution auf den Neuen Hebriden hatte Martin den Einfall, barfüßig in den Busch zu spazieren, und er kam mit vielen Rissen und Schrammen, namentlich an den Schienbeinen, an Bord.

»Sei lieber vorsichtig«, warnte ich ihn. »Laß mich etwas Sublimat für dich auflösen, daß du dir die Schrammen damit waschen kannst.«

Aber Martin lächelte überlegen. Wenn er es auch nicht sagte, so gab er mir doch zu verstehen, daß er nicht wie andere Männer sei, und daß seine Risse im Laufe weniger Tage geheilt sein würden.

Nakata, der Kajütjunge, verwechselte eines Tages, als er beim Plätten war, sein Schienbein mit dem Plättbrett und erhielt auf diese Weise eine drei Zoll lange und einen halben Zoll breite Brandwunde. Auch er lächelte überlegen, als ich ihm die Sublimatflasche anbot und ihn an meine eigenen Erfahrungen erinnerte.

Wada, der Koch, mußte bei einem verhängnisvollen Landungsversuch mit der Dampfbarkasse über Bord springen und helfen, das Boot in einer heftigen Brandung klar vom Ufer zu halten. Er zerriß sich die Füße recht hübsch an Muschelschalen und Korallen, und ich kam wieder mit der Sublimatflasche. Aber wieder mußte ich das überlegene Lächeln hinunterschlucken, und ich erfuhr, daß sein Blut dasselbe sei, das einmal Rußland besiegt hatte und einst auch die Vereinigten Staaten besiegen würde, und wenn sein Blut nicht imstande sei, ein paar unbedeutende Schrammen zu überwinden, so wolle er aus Scham Harakiri begehen. Der Rest der Besatzung betrachtete mich schon wie einen Mann, bei dem mit Bezug auf Beulen und Sublimat eine kleine Schraube los war. Ich machte keinen weiteren Versuch; die Zeit und die Bazillen waren auf meiner Seite, und ich brauchte nur abzuwarten.

»Ich glaube, ich muß etwas Schmutz in die Wunde bekommen haben«, begann Martin nach ein paar Tagen. »Ich will sie auswaschen, dann heilt sie schon«, fügte er hinzu, als er mich triumphieren sah.

Am Abend sah er ganz besorgt drein, und ich wußte, daß die Stunde der Vergeltung nahte.

»Ich will doch etwas von der Medizin versuchen«, erklärte er später am Tage. »Nicht daß ich glaubte, daß sie viel nützen könnte«, fügte er hinzu, »aber schaden kann sie ja auch nicht.«

Dann kam das stolze Blut Japans, um sich Medizin für seine rühmlichen Wunden auszubitten, während ich glühende Kohlen auf ihre Häupter sammelte, indem ich ihnen mitleidig eingehend die Anwendung beschrieb. Nakata befolgte meine Instruktionen Wort für Wort, und jeden Tag besserten sich seine Wunden. Wada war apathisch, und sein Fleisch heilte langsamer.

Um diese Zeit kamen wir nach den Salomon-Inseln. Kein Arzt würde diese Inselgruppe je als Aufenthalt für schwächliche Leute oder zum Bau eines Sanatoriums empfehlen. Ich war noch nicht lange dort, als ich schon im Ernst erfuhr, wie wenig widerstandsfähig das menschliche Zellgewebe ist. Unser erster Ankerplatz war Port Mary auf Santa Anna. Der einzige Weiße, ein Händler, kam sofort längsseits. Er hieß Tom Butler und war ein schönes Beispiel dafür, wie die Salomon-Inseln mit einem starken Mann umgehen können. Er lag hilflos wie ein Sterbender in seinem Langboot. Kein Lächeln war in seinem Gesicht und sehr geringe Intelligenz. Es war ein düsterer Totenkopf, kein grinsender – dazu war er zu arg mitgenommen. Er hatte auch Himbeerpocken. Wir mußten ihn über die Reling der Snark heben. Er sagte, es ginge ihm gut, er hätte seit einiger Zeit kein Fieber, und mit Ausnahme seines Armes sei er so gesund wie ein Fisch. Sein Arm sah aus, als sei er lahm. Aber er wies das mit Verachtung von sich. Er hätte das früher schon gehabt und habe sich erholt. Es sei eine Krankheit, die allgemein unter den Eingeborenen auf Santa Anna grassierte, sagte er, als wir ihm die Kajüttreppe hinunterhalfen, wobei sein toter Arm bei jeder Stufe bumste. Er war der unheimlichste Gast, den wir je an Bord gehabt, und wir hatten doch ein ganz Teil Aussätziger und Elefantiasiskranker empfangen.

Aber Himbeerpocken behalten nicht immer das Interesse der Neuheit. Während ich dies schreibe, habe ich fünf Stück an den Händen und noch drei am Schienbein. Charmian hat eine an jeder Seite ihres hohen Spannes. Tehei ist ganz außer sich über die seine. Martins neue Schienbeingewächse haben seine früheren ganz in den Schatten gestellt. Und Nakata hat einige Dutzend, die an seinem Muskelgewebe zehren, wo es sich trifft. Was aber der Snark auf den Salomons zugestoßen ist, das ist dasselbe, was seit der Zeit der ersten Entdecker jedem einzigen Schiff zustößt. Ich zitiere folgendes aus den »Segelanweisungen«:

»Die Besatzungen von Schiffen, die sich längere Zeit auf den Salomon-Inseln aufhalten, werden entdecken, daß Wunden und Risse zur Entwicklung bösartiger Beulen neigen.«

Und mit Bezug auf die Fieberfrage waren die Segelanweisungen nicht gerade ermutigender, denn ich las:

»Neuankömmlinge werden aller Wahrscheinlichkeit nach früher oder später vom Fieber angegriffen werden. Auch die Eingeborenen leiden darunter. Die Zahl der Todesfälle in der weißen Bevölkerung belief sich im Jahre 1897 auf 9 von 50.«

Einige dieser Todesfälle waren jedoch Zufall.

Nakata war der erste, der Fieber bekam. Das geschah in Penduffryn. Dann kamen Wada und Henry an die Reihe. Die nächste war Charmian. Mir glückte es, dem Fieber ein paar Monate zu entgehen, als es mich dann aber packte, war Martin ein paar Tage darauf so liebenswürdig, mir Gesellschaft zu leisten. Von uns allen sieben ist Tehei der einzige, der leer ausgegangen ist, aber er leidet dermaßen an Heimweh, daß es schlimmer als Fieber ist. Nakata befolgt meine Instruktionen wie gewöhnlich Punkt für Punkt. Er machte nach seinem dritten Anfall eine zweistündige Schwitzkur durch, nahm dreißig oder vierzig Gran Chinin und war nach vierundzwanzig Stunden gesund, wenn auch noch schwach.

Die Snark ist seit Monaten das reine Hospital, und ich muß gestehen, daß wir uns schon daran gewöhnt haben. In der Meringe-Lagune, wo wir die Snark kielholten und ihren Boden reinigten, gab es Zeiten, da nur einer von uns imstande war, ins Wasser zu gehen, während die drei Weißen auf der Plantage alle an Fieber darniederlagen. Während ich dies schreibe, befinden wir uns irgendwo nordöstlich von Ysabel – wir wissen selbst nicht wo – und mühen uns vergebens ab, die Lord-Howe-Insel zu finden, ein Atoll, das man erst sieht, wenn man an ihm strandet. Der Chronometer ist in Unordnung. Aber die Sonne scheint auch nicht, ich kann nachts keine Sternbeobachtung machen, und wir haben seit vielen Tagen nichts als Böen und Regen. Der Koch ist desertiert. Nakata, der sich sowohl als Koch wie als Kajütjunge versucht hat, liegt wieder auf dem Rücken. Martin hat sich gerade von einem Fieberanfall erholt und wartet auf den nächsten. Charmian, deren Fieber periodisch auftritt, sieht gerade nach dem Kalender, um festzustellen, wann der nächste Anfall beginnen wird. Henry hat angefangen Chinin zu essen und befindet sich in abwartender Gemütsverfassung. Und da meine Anfälle mich so plötzlich wie Keulenschläge treffen, weiß ich von einem Augenblick zum andern nicht, wann ich niedergeschlagen werde. Versehentlich haben wir unser letztes Mehl einigen Weißen gegeben, die kein Mehl hatten. Wir wissen nicht, wann wir Land erreichen. Unsere »Himbeeren« sind schlimmer und zahlreicher als je. Wir haben unser Sublimat in Penduffryn vergessen, unser Wasserstoffsuperoxyd ist aufgebraucht, und ich experimentiere jetzt mit Borsäure Lysol und Antiphlogystine. Soviel ist sicher: wenn ich kein berühmter Arzt werde, so kommt es nicht aus Mangel an Praxis.

NACHWORT

Die Snark maß dreiundvierzig Fuß an der Wasserlinie, sie war fünfundfünfzig Fuß lang, fünfzehn Fuß breit und hatte sieben Fuß Tiefgang. Sie hatte Ketchtakelung und war mit Klüver, Jager, Vorstagsegel, Großsegel und Ballonklüver versehen. Sie maß sechs Fuß Höhe unter dem Deck, das glatt und ohne Oberbau war. Es gab vier sogenannte wasserdichte Räume. Eine siebzigpferdige Hilfsmaschine versorgte uns hin und wieder mit Triebkraft zu einem Durchschnittspreis von zwanzig Dollar die Meile; eine fünfpferdige Maschine trieb die Pumpen, das heißt, wenn sie in Ordnung war, und zeigte sich bei zwei Gelegenheiten imstande, Kraft für den Scheinwerfer zu liefern. Der Akkumulator arbeitete vier- oder fünfmal im Laufe von zwei Jahren.

Aber die Snark segelte. Das war die einzige Art und Weise, wie sie vorwärtskommen konnte. Sie segelte zwei Jahre lang, ohne je Klippen, Riffe oder Grund zu berühren. Sie hatte keinen Innenballast, ihr eiserner Kiel wog fünf Tonnen, und ihr großer Tiefgang und hoher Freibord machten sie sehr steif. Wenn sie vor vollen Segeln von einer Tropenbö getroffen wurde, gerieten zwar Reling und Deck oft unter Wasser, aber sie schlug nie Purzelbäume. Sie steuerte ohne die geringste Mühe und konnte Tag und Nacht ohne Mann am Ruder dicht am Wind und mit Querwind laufen. Mit Viertelwind und gutgesetzten Segeln steuerte sie von selber innerhalb zweier Striche, und mit Achterwind brauchte sie kaum drei Strich, um von selbst zu steuern.

Die Snark war teilweise in San Franzisko gebaut. An dem Morgen, als ihr eiserner Kiel gegossen werden sollte, erfolgte das große Erdbeben. Da gab es vollkommene Anarchie. Sechs Monate nach der festgesetzten Zeit segelte die äußere Schale nach Hawaii, um fertiggestellt zu werden, wobei die Maschine im Raum und das Baumaterial an Deck festgezurrt waren. Wäre ich in San Franzisko geblieben, bis sie fertig war, so würde ich noch dort sein. So, halbfertig, kostete sie viermal soviel, wie sie hätte kosten sollen.

Die Snark war unter einem unglücklichen Stern geboren.

Sie wurde in San Franzisko beschlagnahmt, ihre Schecks wurden in Hawaii als falsch protestiert, und sie mußte auf den Salomons wegen Quarantänebruchs Strafe zahlen. Die Zeitungen konnten nie ein wahres Wort über sie berichten. Als ich einen untauglichen Schiffer entließ, sagten sie, ich hätte ihn halb totgeprügelt. Als ein junger Mann heimkehrte, um seine Universitätsstudien fortzusetzen, wurde erzählt, meine ganze Besatzung wäre desertiert, weil ich sie halb totgeprügelt hätte. Tatsächlich gab es nur ein einziges Mal Prügel auf der Snark, nämlich als der Koch von einem Schiffer mißhandelt wurde, der unter falschen Voraussetzungen bei mir angeheuert hatte, und den ich auf den Fidschi-Inseln hinauswarf. Und dann boxten Charmian und ich, um uns Bewegung zu machen, aber keiner von uns kam dabei ernsthaft zu Schaden. Die Reise war das, was wir unter Vergnügen verstanden. Ich baute die Snark und bezahlte sie und alle andern Ausgaben. Ich hatte einen Vertrag abgeschlossen, demzufolge ich eine Beschreibung der Reise für ein Magazin liefern sollte. Und sofort machte das Blatt damit Reklame, daß es mich als Sonderkorrespondenten auf eine Reise um die Welt schickte. Es war ein reiches Magazin, und alle Menschen, die in Geschäftsverbindung mit der Snark standen, verlangten den dreifachen Preis der Dinge, weil – nun ja, weil das Magazin es sich leisten konnte. Selbst auf den fernsten Südseeinseln lebte diese Mythe, und ich mußte dementsprechend bezahlen. Noch heute glauben alle Menschen, daß das Magazin dafür bezahlte und daß ich ein Vermögen an der Reise verdiente. Es ist schwer, nach einer solchen Reklame, dem menschlichen Bewußtsein einzuhämmern, daß die ganze Reise unternommen wurde, weil es uns Spaß machte.
Ich reiste nach Australien, um mich in ein Krankenhaus zu legen, wo ich fünf Wochen verbrachte. Ich verbrachte fünf Monate, krank und elend, in verschiedenen Hotels. Die mystische Krankheit, die meine Hände angegriffen hatte, ging über den Verstand der australischen Spezialisten. In der medizinischen Literatur war sie unbekannt. Man hatte nie etwas Ähnliches gehört. Sie verbreitete sich von meinen Händen auf meine Füße, so daß ich zeitweise hilflos wie ein Kind war. Manchmal waren meine Hände doppelt so groß

wie sonst, und die Haut schälte sich in sieben toten und halbtoten Schichten gleichzeitig ab. Es gab Zeiten, da meine Zehennägel im Laufe von vierundzwanzig Stunden ebenso dick wurden, wie sie lang waren. Und wenn sie abgefeilt wurden, konnten sie nach vierundzwanzig Stunden wieder ebenso dick sein.

Die australischen Spezialisten waren sich einig, daß die Krankheit keine Infektionskrankheit war, sondern von den Nerven stammte. Sie wurde nicht besser, und es war unmöglich, die Reise fortzusetzen. Die einzige Möglichkeit, sie fortzusetzen, wäre gewesen, daß man mich in meiner Koje festgebunden hätte, denn in meinem hilflosen Zustand, in dem es mir nicht möglich war, etwas mit den Händen zu fassen, hätte ich mich in einem kleinen hüpfenden Boot nicht bewegen können. Ich sagte mir auch, daß es viele Boote und viele Reisen gäbe, daß ich aber nur zwei Hände und zehn Nägel auf den Zehen hätte. Ferner sagte ich mir, daß ich in meinem eigenen Klima in Kalifornien stets ein ausgezeichnetes, gleichmäßig funktionierendes Nervensystem gehabt hatte. Und deshalb reiste ich dann heim. Seit meiner Rückkehr habe ich meine Krankheit ganz überwunden. Und ich habe auch herausbekommen, was mit mir los war. Ohne Medizin, nur durch den Aufenthalt in dem gesunden kalifornischen Klima, verließ der mattweiße Glanz meine Haut. Die einzige Hoffnung, die die Ärzte mir hatten schenken können, war, daß ich mich von selbst erholen würde, und so kam es denn auch.

Nur noch eines – entsprach die Reise den Erwartungen? Es ist leicht für mich oder jeden andern zu sagen, daß es eine schöne Reise war. Aber es gibt einen besseren Zeugen, die einzige Frau, die die Reise von Anfang bis Ende mitmachte. Als ich Charmian im Krankenhaus erzählte, daß ich nach Kalifornien zurückkehren müßte, traten ihr die Tränen in die Augen. Zwei Tage lang war sie ganz geknickt durch den Gedanken, daß die schöne, schöne Reise aufgegeben war.

Glen Ellen, Kalifornien, 7. April 1911.